DIE GRÜNE
KÜCHE
SMOOTHIES
& CO.

DIE GRÜNE KÜCHE SMOOTHIES & CO.

David Frenkiel &
Luise Vindahl

Aus dem Englischen
von Claudia Theis-Passaro und
Annegret Hunke-Wormser

KNESEBECK

131

INHALT

ZU DIESEM BUCH

Der erste Drink, den Luise und ich gemeinsam einnahmen, war kein Smoothie, sondern ein übertrieben starker Cuba Libre mit zerstoßener Limette, Eis, viel zu viel braunem Rum und einer verschwindend kleinen Menge Cola. Gemixt hat ihn ein Freund von mir eines späten Abends anlässlich einer After-Show-Party in einem kleinen Apartment in der Nähe des Campo de' Fiori in Rom. Doch so wenig dieser Mix auch mit einem echten Smoothie gemein hatte – ohne ihn hätte es sich wohl niemals ergeben, dass Luise und ich heute gemeinsam Smoothies kreieren.

Neun Jahre sind seitdem vergangen. Wir wohnen nun in Stockholm und haben zwei Kinder, Elsa und Isac. In dieser Zeit haben wir auch einen Food-Blog ins Leben gerufen: *Green Kitchen Stories*, der es uns ermöglichte, uns hauptberuflich mit den Themen Essen, Ernährung und Fotografie zu beschäftigen.

Heute verbringen wir einen großen Teil unserer Zeit in der Küche und kreieren vollwertige pflanzliche Rezepte. Wir kochen beide sehr gerne, und Smoothies sind inzwischen aus unserem Leben gar nicht mehr wegzudenken: als schnelle, leichte und leckere Art der Stärkung für zwischendurch – und ideal, um etwas mehr Gemüse in die Ernährung unserer Kinder zu schmuggeln.

Wir machen Smoothies oft zum Frühstück, manchmal auch mittags als gesündere Alternative zu süßen Speisen und Getränken, als Dessert und immer nach dem Sport. Einer der ganz großen Vorzüge von Smoothies ist, dass sie keinerlei außergewöhnliche Küchenfertigkeiten erfordern, wie es beispielsweise bei einem Zitronen-Baiser-Kuchen der Fall ist. Alles was man wissen muss, ist im Grunde, wie man etwas klein schneidet und einen Knopf betätigt. Sogar Elsa macht inzwischen ihre eigenen Smoothies (unter unserer Aufsicht, wenn sie den Mixer verwendet).

Da Smoothies mittlerweile fester Bestandteil unseres Speiseplans sind, haben wir auch einige Tricks und Ideen entwickelt, um sie interessanter und vielfältiger zu machen. Manche Tage erfordern unkomplizierte Smoothies, die man einfach in ein Glas gießen kann. An anderen Tagen mit mehr Muße geben wir noch Beeren, Obst, Nüsse oder Getreide unpüriert mit ins Glas, was in puncto Geschmack und Konsistenz für mehr Kontrast sorgt. Wir füllen Smoothies auch gern schichtweise ins Glas, weil das optisch besonders reizvoll ist. Dann wieder bereiten wir Smoothies etwas dickflüssiger zu, um sie in eine Schüssel zu gießen, ein paar Toppings darüber zu geben und das Ganze dann mit dem Löffel genießen zu können.

Alle diese verschiedenen Arten von Smoothies haben wir in diesem Buch so zusammengestellt, dass sich sowohl Neulinge als auch erfahrene Smoothie-Fans von unseren Rezepten inspirieren lassen können.

Die beiden umfangreichsten Kapitel haben wir mit »Einfache Smoothies« und »Absolute Hingucker« überschrieben. Ersteres enthält unsere schnellen und einfachen Rezepte mit leicht zu findenden Zutaten, die immer gut ankommen wie unser ultimativer Einfacher Himbeer-Smoothie (Seite 38) – ein unkomplizierter, superleckerer Smoothie ohne jegliche Zugabe von Superfoods. Bei den »Absoluten Hinguckern« handelt es sich um optisch besonders ansprechende Smoothies wie den Erdnussbutter- Shake mit Erdbeeren (Seite 68), dessen visueller Reiz sich daraus ergibt, dass der Shake in ein Glas mit ganzen Erdbeeren gefüllt wird. So beeindruckend das Ergebnis auch aussehen mag, die Zubereitung dauert nicht länger als fünf Minuten und erfordert nur fünf Zutaten! Unnötig zu sagen, dass das Ganze auch toll schmeckt. Tatsächlich sind die meisten Hingucker-Smoothies viel unkomplizierter als sie aussehen.

Neben den Smoothie-Rezepten finden Sie in diesem Buch auch ein Kapitel mit einigen Grundrezepten für Dinge, auf die wir in vielen anderen Rezepten zurückgreifen, etwa Müsli, Granola, Nussmus und Chiapudding.

Darüber hinaus gibt es ein Kapitel zur Herstellung von Säften – den Verwandten der Smoothies ohne Faser- und Ballaststoffe. Ein weiteres Kapitel stellt Ihnen unsere bevorzugten Nussmilchrezepte vor. Zum Teil verwenden wir hier einige ungewöhnliche Zutaten wie Chiasamen, Bohnen, Acai-Beeren und Kürbis.

Den Abschluss bildet ein Kapitel mit Desserts – hier werden Smoothies vorgestellt, die eher zu den Süßspeisen zählen, sowie zwei leckere Eisspezialitäten.

Doch zunächst erläutern wir Ihnen auf den folgenden Seiten, wie Sie dieses Buch am besten nutzen. Dabei listen wir jene Zutaten auf, die man immer vorrätig haben sollte, und wir verraten Ihnen einige Tipps und Tricks, damit alles gut gelingt. Außerdem erläutern wir kurz, welche Küchengeräte Sie möglicherweise benötigen.

Die meisten Rezepte in diesem Buch sind neu und bislang unveröffentlicht. Alle Smoothies wurden gründlich getestet – nicht nur von uns selbst, sondern auch von einem unabhängigen Tester (danke, Nic!), und alle Rezepte können ohne Milchprodukte und Gluten zubereitet werden.

Wir hoffen, dass unser Buch für Sie nützlich und anregend ist. Schon wenn Sie nur einige dieser Smoothies in Ihr wöchentliches oder monatliches Repertoire aufnehmen, werden Sie feststellen, wie viel leichter es ist, einen langen Tag durchzustehen, wenn man sich von innen heraus gestärkt fühlt.

DAVID

WISSENSWERTES ZUR ZUBEREITUNG

Die Zubereitung von Smoothies ist keine komplizierte Wissenschaft und sollte das auch nicht sein, deshalb haben wir die Rezepte kurz und einfach gehalten. Genaue Gewichtsangaben fügten wir nur hinzu, wenn uns das wichtig erschien. Wir sind uns aber auch bewusst, dass die Zutaten meistens sowieso nicht gewogen werden, und verwenden deshalb möglichst Obst und Gemüse von durchschnittlicher Größe.

Wenn es um den Geschmack geht, ist Ihre Unterstützung gefragt. Wie süß Bananen oder wie cremig Avocados sind, hängt immer auch von ihrer Reife ab. Einige Datteln sind nur halb so groß wie andere; Mangos, die reif gepflückt vor Ort in Mexiko oder Südostasien verzehrt werden, sind etwas ganz anderes als Früchte, die noch grün gepflückt und dann nach Europa verschifft werden. Idealerweise verwenden Sie Produkte aus Ihrer Region, die gerade Saison haben, oder Sie legen sich einen Vorrat an tiefgekühltem Obst und Gemüse an. Außerdem sollten Sie es sich zur Gewohnheit machen, den Smoothie bereits zu probieren, während er noch im Mixer ist. Sind die Aromen ausgewogen? Ist er süß genug? Fehlt noch etwas Säure? Wir wissen, wie er am Ende schmecken soll, aber Sie sind es, die ihn trinken werden – vertrauen Sie also auf Ihr Bauchgefühl.

Wie bereits auf den vorigen Seiten erwähnt, genießen wir unsere Smoothies zum Frühstück, als Zwischenmahlzeit, nach dem Sport oder als Dessert. Unsere Hauptmahlzeiten ersetzen wir üblicherweise nicht durch Smoothies – nur dann, wenn wir wirklich viel zu tun haben oder wenn unser Verdauungssystem mal eine Pause braucht.

MASSEINHEITEN

Eine durchschnittliche Portion in diesem Buch entspricht etwa 250 ml, sofern nicht anders angegeben.

1 TL = 5 ml
1 EL = 3 TL = 15 ml
4 EL = 60 ml

ZU SÜSS?

Die meisten Smoothies in diesem Buch werden mit Bananen, Datteln, Äpfeln, Mangos oder Ananas gesüßt – das sind natürliche und unraffinierte Süßungsmittel, die wir am liebsten verwenden. Aber auch diese Süßungsmittel erhöhen den Blutzuckerspiegel, wenn auch langsamer und nicht so stark wie raffinierter Zucker und Sirup. Naturbelassener Fruchtzucker ist immer gesünder als industriell verarbeiteter, raffinierter und chemischer Zucker, da der Körper und das Gehirn ihn anders weiterverarbeiten.

Wer an Diabetes leidet oder allergisch auf Bananen oder Obst mit hohem Fruchtzuckergehalt reagiert, kann die meisten dieser Smoothies durch das Austauschen einiger Zutaten dennoch zubereiten. So können Bananen oder Mangos problemlos gegen Avocados ausgetauscht werden, da diese für die gleiche cremige Konsistenz und Menge sorgen, ohne süß zu sein. Äpfel oder Ananas können durch Gurken ersetzt werden. Und Datteln kann man einfach weglassen oder eine kleinere Menge verwenden. Stevia oder Xylit sind natürliche Süßstoffe, die, wie man weiß, den Blutzuckerspiegel nicht erhöhen. In Kombination mit Avocado erhält man so einen süßen Geschmack und eine cremige Konsistenz. Achten Sie auf hochwertige Produkte aus biologischer Landwirtschaft. Beeren sind nicht nur in Geschmack, Farbe und Konsistenz einfach fantastisch, sie enthalten auch fast keinen Fruchtzucker, sind also ideal für zuckerarme Smoothies.

SMOOTHIES ODER SÄFTE?

Es wird lebhaft darüber diskutiert, ob Säfte oder Smoothies besser für die Gesundheit sind. Wir bereiten zu Hause beides zu und haben deshalb auch einige unserer Lieblingssäfte in dieses Buch aufgenommen. Was für Sie am besten ist, hängt von Ihren individuellen Zielen und Ihrem aktuellen Gesundheitszustand ab. Wir persönlich haben uns für eine Kombination aus beiden entschieden, und vermutlich ist das für die meisten Menschen das Beste.

Für *Smoothies* werden sämtliche Zutaten fein püriert. Dadurch bleiben alle Ballaststoffe erhalten, sind aber viel leichter verdaulich, als wenn sie im Ganzen verzehrt würden. Ballaststoffe sind gesund – sie nähren die gesunden Bakterien im Darmtrakt. Außerdem verlangsamen sie die Resorption von Zucker und von Nährstoffen (im Gegensatz zu Säften).

Zudem verlangsamen Smoothies den Verdauungsprozess und halten länger satt. Sie oxidieren langsamer als Säfte, die Nährstoffe bleiben länger erhalten.

Bei *Säften* wird die Flüssigkeit aus Obst und Gemüse extrahiert und von den unverdaulichen, unlöslichen Faser- und Ballaststoffen getrennt. Sie gewähren dem Verdauungssystem eine Pause, da der Körper die Nahrung nicht aufspalten muss, ehe er die Nährstoffe aufnehmen kann. Anders als Smoothies sind Säfte kein Ersatz für eine Mahlzeit, aber gut geeignet für Entschlackungskuren. Zur Vermeidung von Blutzuckerspitzen sollte die Fruchtmenge geringgehalten oder ganz auf Früchte verzichtet werden.

UNSERE SMOOTHIE-VORRATSKAMMER

Hier listen wir Ihnen jene Zutaten auf, die wir möglichst immer in Küche, Kühlschrank und Gefrierschrank vorrätig haben, um täglich frische Smoothies zubereiten zu können. Auf den Seiten 16–17 finden Sie einen Leitfaden, wie man diese (und viele weitere) Zutaten zu gut ausgewogenen Smoothies kombinieren kann.

OBST

BANANEN werden durch das Mixen süß und cremig und sind damit ideal für Smoothies. Zudem sind sie reich an Ballaststoffen, Magnesium, Kalium und Vitamin B6. Verwenden Sie für Smoothies immer reife Bananen, idealerweise solche, die bereits einige kleine braune Stellen auf der Schale haben. Bananen können eingefroren werden, bevor sie überreif werden. Folgen Sie einfach der Anleitung auf Seite 22. Wenn Sie allergisch auf Bananen reagieren, ersetzen Sie diese durch reife Birnen, Pfirsiche, Mangos oder Avocados.

Frische DATTELN sind ausgesprochen süß und schmecken in Smoothies einfach fantastisch. Sie haben einen hohen Fruchtzuckergehalt und sollten als Leckerei verzehrt werden. Wir kaufen immer dunkelbraune Datteln mit Stein, die etwa 4 cm lang sind, sehr weich und leicht nach Karamell schmecken. Medjol-Datteln sind großartig, aber oft ziemlich teuer. Es gibt aber auch viele ähnlich gute, weniger teure Sorten. Auf mit Sirup überzogene Datteln sollte verzichtet werden, da sie an sich bereits süß genug sind. Wenn die Datteln sehr trocken und hart sind, müssen sie vor dem Pürieren mindestens 15–20 Minuten in heißem Wasser eingeweicht werden.

ÄPFEL stecken voller Vitamine, Mineralstoffe, Antioxidantien und Pektin, deshalb gehören sie zu den gesündesten Obstsorten überhaupt. Knackige saisonale Äpfel schmecken nach »Natur pur«, und wir haben im Herbst wie im Winter immer welche zu Hause. Da Äpfel genau wie Beeren den Blutzuckerwert nicht besonders erhöhen, sind sie ideal zum Süßen von grünen Säften und Smoothies: die Äpfel vor dem Entsaften oder Pürieren einfach waschen und das Kerngehäuse entfernen.

MANGOS wirken basenbildend und enthalten bestimmte Enzyme, die sich wohltuend auf den Magen auswirken. Außerdem sind sie reich an Vitamin A. Werden Mangos reif gepflückt, schmecken sie unglaublich süß und saftig. Um den langen Transport zu überstehen, werden sie häufig schon geerntet, wenn sie noch hart und grün sind – und in der Regel viel weniger süß. Reicht ihre Saftigkeit und Süße für einen Smoothie nicht aus, kann man zusätzlich etwas Orangensaft oder eine halbe Banane hinzugeben.

Wenn BEEREN Saison haben, wird unser Kühlschrank bis oben hin gefüllt mit frischen Himbeeren, Erdbeeren, Preiselbeeren, Brombeeren, Sanddornbeeren und Heidelbeeren. In den übrigen Monaten haben wir sie tiefgekühlt im Gefrierschrank vorrätig. Wir frieren die Beeren entweder selbst ein oder kaufen tiefgekühlte Bio-Beeren im Supermarkt. Beeren haben von allen Früchten den niedrigsten Fruchtzuckergehalt und den höchsten Nährwert, einschließlich Antioxidantien und anderer sekundärer Pflanzenstoffe. Ein echtes Superfood!

In einigen Ländern sollte man tiefgekühlte Beeren mit kochendem Wasser übergießen und sie dann eine Minute lang stehen lassen, um mögliche Viren abzutöten, bevor man sie zu den Smoothies gibt (vor allem, wenn Smoothies für ältere Menschen, Schwangere, Kranke oder Kinder bestimmt sind). Wir verzichten auf diesen Schritt, wenn wir die Beeren selbst gepflückt haben oder wissen, woher sie kommen. Achten Sie immer auf die Empfehlungen vor Ort und waschen Sie frische Beeren sorgfältig.

Reife AVOCADOS sind cremig, streichfähig und reich an gesunden Fetten. Sie verleihen Smoothies eine geschmeidige Konsistenz und passen gut zu Gemüse, Zitrusfrüchten und tropischen Früchten. Avocados sind ein wichtiger Lieferant von Fetten, die der Körper braucht, und sie fördern das Wachstum wie die Erneuerung der Zellen.

GETRÄNKE

NUSSMILCH · Mandel-, Cashew- oder Haselnussmilch verleihen Smoothies eine köstlich üppige Note und sind reich an gesunden Fetten und Proteinen. Da sie nicht gerade preiswert und die meisten gekauften Sorten mit Süßungs- sowie Bindemitteln und Zusatzstoffen versetzt sind, bereiten wir unsere Nussmilch gern selbst zu. Halten Sie nach Pflanzenmilch Ausschau, die nur aus Nüssen, Samen oder Körnern, Wasser und Meersalz zubereitet sowie eventuell mit Vitamin D und Kalzium angereichert wurde. Rezepte für die Zubereitung Ihrer eigenen Nussmilch finden Sie in diesem Buch auf Seite 106.

HAFERMILCH hat von Natur aus, auch ohne Zusätze, einen süßlichen Geschmack, genau wie die meisten Reismilchsorten. Wir verwenden in der Regel gekaufte Hafermilch, da in Skandinavien, wo wir wohnen, leckere Bio-Hafermilch zu einem vernünftigen Preis überall erhältlich ist. Man kann sie auch selbst zubereiten, indem man die Nüsse in unserem Grundrezept für Nussmilch einfach durch Vollkornhaferflocken ersetzt.

KOKOSMILCH · Anders als ihr Name vermuten lässt, ist die Kokosnuss keine Nuss, sondern die Frucht der Kokospalme. Deshalb wird sie auch von Menschen mit einer Nussmilchallergie in der Regel gut vertragen. Wir nehmen Kokosmilch, Kokos-Drinks und Kokoswasser als flüssige Grundlage für viele unserer Smoothies, verwenden natives Kokosöl für eine Extraportion Fett, Koskosraspel und -chips als Topping.

KOKOSWASSER ist der natürliche Saft, der aus frischen Kokosnüssen gewonnen wird. Es hat einen süßlichen, exotischen Geschmack und liefert Elektrolyten, die man beim Schwitzen verliert. Deshalb ist Kokoswasser das ideale Getränk nach dem Sport, um eine Dehydrierung zu verhindern. Kokoswasser in Flaschen ist in der Regel immer pasteurisiert, um länger haltbar zu sein (es sei denn, auf der Flasche ist etwas anderes vermekrt). Man kann auch eine frische junge Kokosnuss kaufen und den Saft im Inneren verwenden. Mit frischem Kokosfleisch werden Smoothies herrlich sämig, aber in diesem Buch haben wir keins verwendet, weil es vielerorts schwer zu finden ist.

JOGHURT geben wir zu Smoothies, weil er gesundheitsfördernde Bakterien, einen frischen Geschmack und eine cremige Konsistenz beisteuert. Wir verwenden immer ungesüßten Naturjoghurt, auch gern griechischen oder türkischen Joghurt, weil diese herrlich sahnig und fettreich sind. Prüfen Sie das Etikett, ob es sich um einen Joghurt mit aktiven Lebendkulturen handelt, der dann auch Probiotika enthält. Probiotika sind ganz allgemein gut für die Gesundheit, besonders aber für die des Darms. Weitere Lieferanten von Probiotika sind Sauerkraut (oder anderes mit Milchsäure fermentiertes Gemüse), Kimchi, Kefir, Kombucha, Miso, Tempeh oder probiotische Ergänzungspulver.

NÜSSE, SAMEN, KERNE

Nüsse, Samen und Kerne sind reich an wirkungsvollen Mineralstoffen, Vitaminen, gesunden Fetten und Ballaststoffen. Wir sind geradezu süchtig danach und versuchen immer, ein Sortiment an Cashewkernen, Mandeln, Haselnusskernen, Sonnenblumenkernen, Kürbiskernen, Chiasamen, Hanfsamen, Sesamsamen und Leinsamen im Haus zu haben. Zudem haben wir stets Nussmus, Tahini (Sesammus) und Kokosöl im Vorrat. Es ist ein echter Luxus, einfach ein paar Nüsse und Kerne zu nehmen und sie in Smoothies zu geben oder darüberzustreuen. Zudem kann man jederzeit Nussmilch (Seite 106) oder Nussmus (Seite 26) zubereiten und ein Nuss-Körner-Brot backen. Achten Sie auf naturbelassene Nüsse, Samen und Kerne ohne zugefügtes Salz oder Öl.

GEMÜSE

ROTE BETE sollte auf der Liste der meistverzehrten Gemüsesorten stehen, weil sie so gesund ist. Sie unterstützt den Körper im Kampf gegen Entzündungen, reinigt die Leber, steigert die Leistung, fördert die Blutbildung und beugt chronischen Krankheiten vor. Das dunkelrote Gemüse schmeckt erdig, süßlich und ist besonders lecker in Kombination mit Beeren, anderem Wurzelgemüse oder auch mit Schokolade! Wenn in diesem Buch Rote Bete verwendet wird, ist immer das Gemüse in seinem Rohzustand gemeint, nicht das geschälte und vorgegarte, das im Supermarkt ebenfalls zu finden ist. Da sich die Rote Beten in der Größe extrem unterscheiden – was sich nicht unerheblich auf das Aroma und die Konsistenz von Smoothies auswirkt – haben wir hier Gewichtsangaben hinzugefügt.

MÖHREN schmecken wunderbar als Beilage und sind hervorragend für Säfte und Smoothies geeignet. Außerdem lieben unsere Kinder es, sie roh zu knabbern. Weitere Pluspunkte: Möhren sind preiswert, gut für Haut und Haare, das Immunsystem und die Augen.

SPINAT · Soll er frisch sein, kaufen wir in der Regel jungen Bio-Spinat. Aber wir haben auch stets tiefgekühlten Spinat vorrätig.

Da tiefgekühltes Gemüse (und Obst) in der Regel in kürzester Zeit geerntet, gereinigt und gefroren wird, enthält es oft sogar mehr Nährstoffe als manches Gemüse, das im Supermarkt viel zu lange in den Regalen liegt. Spinat ist ein hervorragender Folsäurelieferant und reich an Eisen sowie an pflanzlichem Eiweiß.

KOHL UND BROKKOLI (Kreuzblütlergewächse) · Pflanzen der Gattung Brassica (Grünkohl, Brokkoli, Blumenkohl, Rosenkohl, Rucola, Blattkohl, Romanesco, Pak Choy und Kohl) sind enorm gesundheitsfördernd. Wir versuchen, das ganze Jahr über viele verschiedene Sorten zu essen und verwenden die meisten auch für unsere Smoothies. Sie wirken entzündungshemmend, mildern oxidativen Stress in den Zellen und haben entgiftende Eigenschaften. Auch hierfür gilt: Kaufen Sie frische oder tiefgekühlte Bio-Produkte.

FENCHEL · Dieses leicht nach Süßholz schmeckende Gemüse gibt Säften, grünen Smoothies und Beeren-Smoothies einen interessanten aromatischen Kick. Wählen sie eine cremeweiße feste Knolle mit Fenchelgrün (das ebenfalls püriert werden kann). Fenchel ist besonders reich an Vitamin C und Kalium. Er ist außerdem ein bewährtes Mittel zur Linderung von Verdauungsproblemen.

Auch INGWER hat viele gesundheitsfördernde Vorzüge. Säften und Smoothies verleiht Ingwer ein scharfes, frisches Aroma.

SUPERFOOD- UND PROTEINPULVER

Diese Pulver enthalten im Wesentlichen hoch konzentrierte Nährstoffe, die vom Körper leicht resorbiert werden können. Wenn wir welche im Vorratsschrank haben, pushen wir unsere Smoothies damit auf, streuen sie über unser Essen, rühren sie in unseren Haferbrei oder geben sie zu rohen Trüffeln hinzu. Die knallgrünen Pulver (Gerstengras, Spirulina, Weizengras, Matcha) sind basenbildend und somit sehr gut für die Gesundheit. Aus Beeren, Wurzeln und Früchten (Maca, Lucuma, Mesquite) hergestellte Pulver liefern reichlich Antioxidantien und sekundäre Pflanzenstoffe. Damit sorgen Sie für einen ausgewogenen Hormonhaushalt.

Proteinpulver können dazu beitragen, eine optimale Proteinzufuhr sicherzustellen, und sie eignen sich gut als Zutat zu Post-Workout-Smoothies. Es ist wichtig, ein hochwertiges Markenprodukt aus Hanf, Naturreis, Kürbiskernen, Erbsen oder Molke zu wählen. Fragen Sie in Ihrem Reformhaus oder Bioladen nach einem guten Produkt, das Ihren Bedürfnissen gerecht wird.

Hochwertige Pulver sind in der Regel sehr kostspielig, deshalb kommen sie in diesem Buch nur selten zum Einsatz. Sie sind auch nicht unbedingt erforderlich, aber eine gute Möglichkeit, rasch eine konzentrierte Menge gesunder Nährstoffe zu sich zu nehmen. Wer bereits Pulver im Vorratsschrank hat, kann selbstverständlich all unsere Rezepte damit anreichern. Wer auf der Suche nach Superfoodpulvern ist, sollte sich für eine grüne und eine rote Mischung entscheiden, um diese dann abwechselnd verwenden zu können. Und eventuell noch ein Proteinpulver für Trainingszeiten dazunehmen.

SO GELINGEN PERFEKTE SMOOTHIES

Was die Zutaten angeht, gibt es bei Smoothies eine schier endlose Zahl von Kombinationsmöglichkeiten, aber wenn Sie sich an die folgenden Schritte halten, wird das Ergebnis stets ein nahrhaftes, ausgewogenes und leckeres Getränk sein. Versuchen Sie immer, mindestens ein gefrorenes Element mit einzubeziehen, ob Gemüse oder Frucht, damit der Smoothie schön kalt und auch cremiger wird.

1 DIE GRUNDLAGE

Wasser (bevorzugt gefiltertes Wasser oder Quellwasser)
Kokoswasser
Kuh- oder Pflanzenmilch (ungesüßt)
Fruchtsaft (nicht aus Konzentrat)
Gemüsesaft (nicht aus Konzentrat)
Naturjoghurt, ungesüßt
Kefir
Tee (kalt)

2 GEEIGNETES OBST

Banane
Beeren
Kirschen
Mango
Apfel
Ananas
Pfirsich
Birne
Avocado
Persimon
Papaya
Orange
Grapefruit
Weintrauben
Kiwi
Passionsfrucht

3 GEEIGNETES GEMÜSE

Spinat
Romanasalat
Grünkohl
Mangold
Staudensellerie
Gurke
Paprikaschote
Brokkoli
Rucolablätter
Löwenzahn
Möhren
Fenchel
Zucchini
gegarter Kürbis

4 BESONDERE ZUTATEN UND AROMEN

getrocknete Gewürze (Zimt, Ingwer, Kardamom, Kurkuma, Safran)
frische Kräuter
frischer Ingwer
frische Kurkuma
Kakaopulver oder Kakao-Nibs
Nüsse und Kerne
Kokosraspel
Samen
Proteinpulver (Hanf, Erbsen, Naturreis, Molke)
Superfood-Pulver
Blütenpollen
Kaffee (kalt)

5 GESUNDE FETTE (NACH BELIEBEN)

Kokosöl
Leinöl
Olivenöl
Omega-3-Öl von Fischen oder Algen
Nachtkerzenöl

6 FÜR EINE SÄMIGERE KONSISTENZ (NACH BELIEBEN)

Nussmus
Samenmus
Chiasamen
Leinsamen
Flohsamen
Haferflocken (oder Haferbrei)
ungesüßter griechischer Joghurt
gegarte weiße Bohnen
Tofu (Seidentofu oder weicher Tofu)

7 FÜR MEHR SÜSSE (NACH BELIEBEN)

Datteln
getrocknete Feigen, Pflaumen oder Aprikosen
naturbelassener Honig
Ahornsirup
Stevia

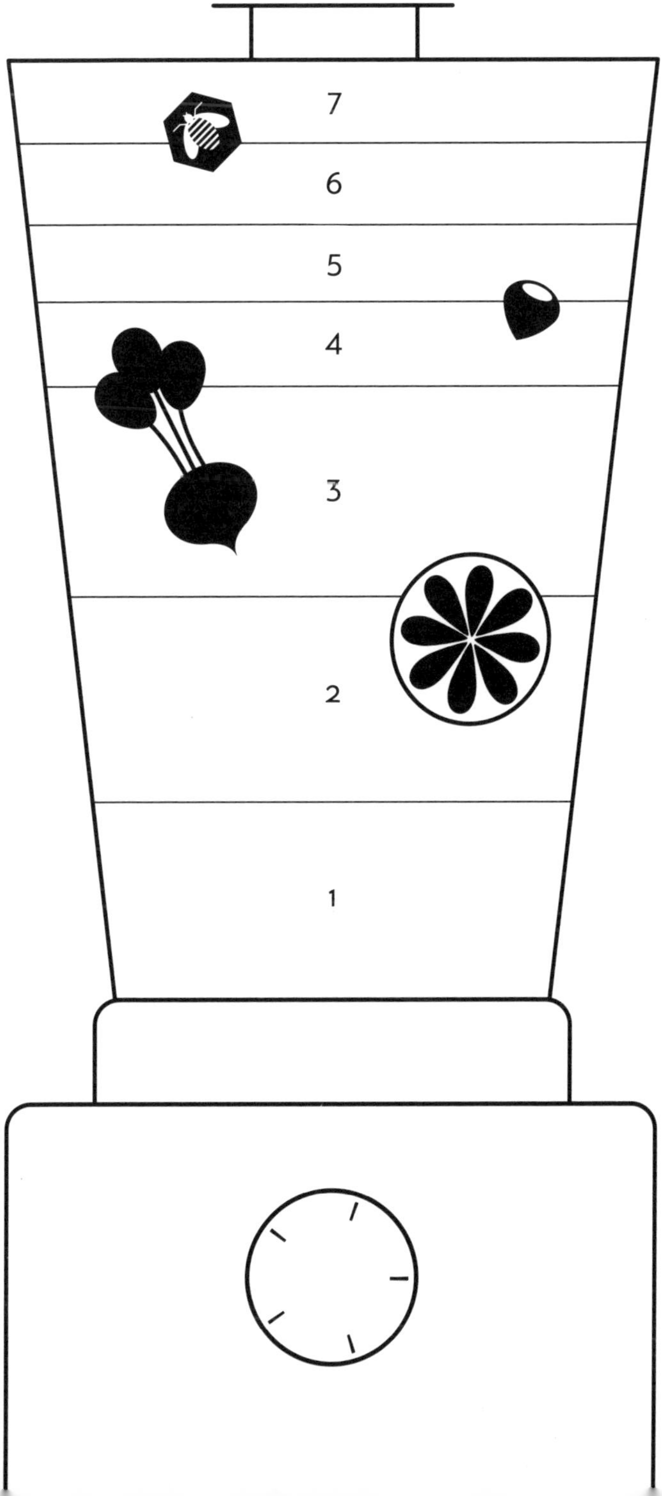

GERÄTE UND AUSRÜSTUNG

Wir sind zwar keine Experten für Küchengeräte, aber mit verschiedenen Mixern, Entsaftern und Küchenmaschinen haben wir uns eingehend befasst. Folgendes sollten Sie nach unserer Erfahrung beachten, wenn Sie sich ein neues Gerät zulegen möchten:

MIXER

Ein guter Mixer ist unverzichtbar, wenn man vorhat, ernsthaft in die Zubereitung von Smoothies einzusteigen. Welche Marke und welches Modell Sie wählen, hängt vom persönlichen Budget ab und davon, wie oft Sie ihn voraussichtlich benutzen werden. Stellen Sie sich vor der Auswahl die folgenden Fragen:

* Werden Sie öfter als dreimal pro Woche Smoothies machen?
* Wollen Sie den Mixer auch als Eiscrusher einsetzen?
* Möchten Sie Nussmilch herstellen?
* Werden Sie harte Gemüsesorten (Rote Beten, Möhren etc.) darin verarbeiten?
* Wollen Sie ihn nur für sich selbst oder auch für mehrere Leute benutzen?

Je mehr Fragen Sie mit »Ja« beantwortet haben, desto eher wird es sich vermutlich lohnen, mehr Geld in einen guten, leistungsstarken Mixer zu investieren.

Nachdem wir einige billige Mixer verschlissen hatten, wurde uns klar, dass Qualität einfach ihren Preis hat. Jedes Mal, wenn wieder einer unserer alten Mixer den Geist aufgab, wünschten wir uns, wir hätten vorher in eine bessere Marke investiert. Schließlich hatten wir genug gespart, um einen Vitamix anzuschaffen, eines der teureren High-End-Produkte. Das Gerät ist wirklich erstaunlich; bisher hat es bei keiner einzigen Zutat versagt. Wir probierten auch den ähnlich teuren und ebenfalls hervorragenden Blendtec aus. Ein weiterer Vorteil solcher hochwertigen Mixer ist, dass die Firmen eine umfangreiche Garantie geben – üblicherweise zwischen fünf und zehn Jahren.

Aber es gibt natürlich auch eine Riesenauswahl an günstigeren Mixern, und viele davon eignen sich sehr gut für den Grundbedarf. Achten Sie darauf, dass das Gerät Ihrer Wahl breite Gefäße hat (damit sich die Zutaten leichter zerkleinern lassen), rostfreie Edelstahlklingen und einen leistungsstarken Motor. Zum Zubehör sollte ein Spatel gehören (um das Herunterschieben am Rand festsitzender Zutaten zu erleichtern), und es ist ein gutes Zeichen, wenn die Firma eine lange Garantie gewährt. Außerdem empfiehlt es sich, vor dem Kauf auch die verschiedenen Kundenbewertungen im Internet zu beachten.

Sehr beliebt sind die auf eine Maximierung der Nährstoffe ausgelegten Geräte von Nutri-

Bullet. Sie sind sehr kompakt, reichen für 1–2 Personen/Portionen und sind nicht so teuer. Falls Sie bereits einen Mixer haben, der nicht so leistungsstark ist, können unsere Tipps auf Seite 23 dabei helfen, trotzdem feine Smoothies hinzubekommen.

KÜCHENMASCHINE

Eine Küchenmaschine hat eine weite, flache Schüssel mit einem sich darin drehenden Universalmesser, das auch ohne zusätzliche Flüssigkeit mixen kann. Sie ist ideal zum Raspeln, Zerkleinern, Hacken und Mahlen, insbesondere bei größeren Mengen – das ideale Gerät, wenn man regelmäßig für die ganze Familie kocht und auch für die Herstellung unseres Nussmuses (Seite 26). Wir selbst haben eine Magimix, die wirklich leistungsstark und nicht zu laut ist. Eine Küchenmaschine eignet sich außerdem für die Herstellung von Biskuit, Kuchenteig, Rohkostdesserts, Babynahrung, Hummus sowie allgemein Aufstrich, Dressings und Salsas. Einiges davon kann auch gut mit einem Mixer oder Stabmixer zubereitet werden. Wir verwenden sie vorwiegend für trockenere Zutaten und zum Zerkleinern oder Hacken größerer Mengen von Gemüse – für die Zubereitung von Flüssigkeiten nehmen wir den Mixer.

STABMIXER/PÜRIERSTAB

Mit einem Stabmixer ist die Zubereitung von Smoothies etwas kniffliger, aber durchaus möglich. Bewährt hat sich hier die Zubereitung in einer hohen, weiten Glasflasche oder einem Einmachglas. Stabmixer sind sehr vielseitig einsetzbar und leicht zu reinigen, für unsere aufwendigeren Smoothies ist man mit einem leistungsstarken Mixer besser bedient.

Früher war der Stabmixer bei uns das am meisten verwendete Gerät, da es nicht viel Platz braucht und sich mit dem dazugehörigen Aufsatz in ein tolles kleines Universalgerät verwandeln lässt – ideal für alle mit einer kleinen Küche.

ENTSAFTER

Wir hatten zunächst einen Zentrifugal-Entsafter. Dabei wird das Obst oder das Gemüse durch eine sich schnell drehende Schneidscheibe zerkleinert, wodurch Saft und Pulpe getrennt werden. Solche Geräte sind in der Regel günstig, leicht zu reinigen, und sie haben eine weite Öffnung, sodass man recht große Stücke damit verarbeiten kann. Für grünes Blattgemüse eignen sie sich nicht so gut, außerdem oxidiert der Saft durch die hohe Drehgeschwindigkeit schnell, was den Nährstoffgehalt verringert. Dennoch ist man für den Anfang mit einem Zentrifugal-Entsafter sehr gut bedient. Wenn auch Blätter entsaftet werden sollen, finden wir es einfacher, diese erst zu Kugeln zu rollen und dann zusammen mit den anderen Zutaten in den Entsafter zu geben.

Die sogenannten Slow Juicer, also langsam arbeitende elektrische Saftpressen, kosten zwar mehr, gehen aber schonender mit den Nährstoffen um und haben eine höhere Ausbeute beim Entsaften von Blättern. Wir verwenden einen Hurom-Entsafter und erhalten damit leckere, sehr aromatische Säfte. Außerdem sieht er gut aus, was bei einem Gerät, das ständig einsatzbereit in der Küche stehen sollte, schon auch eine gewisse Rolle spielt.

MAX 2000
ML
1750

TIPPS & TRICKS

GEFRORENE BANANEN ...

... kommen bei vielen Rezepten zum Einsatz, denn mit ihrer Hilfe werden Smoothies wunderbar sämig und gleichzeitig kalt, ohne zusätzliches Eis zugeben zu müssen. Bananen halten sich monatelang im Gefrierschrank, wir frieren sie ein, sobald sie gut reif sind und schon ein paar braune Stellen auf der Schale bekommen.

VORGEHENSWEISE:

1. Die Bananen schälen und in 1,5 cm dicke Scheiben schneiden. Sie können auch dickere Scheiben schneiden, aber der Mixer hat es mit feineren leichter.
2. Die Scheiben mit etwas Abstand auf einem mit Backpapier ausgelegten Backblech oder Schneidebrett anordnen (damit sie beim Gefrieren nicht zusammenkleben) und über Nacht in den Gefrierschrank legen.
3. Die tiefgekühlten Stücke portionsweise (jeweils eine Banane, etwa 10–15 Scheiben) in Gefrierdosen oder verschließbare Beutel füllen und bis zur Verwendung im Gefrierschrank aufbewahren

AVOCADOS & MANGOS, TIEFGEKÜHLT

Auch Avocados und Mangos lassen sich gut einfrieren und auf die gleiche Weise verwenden wie Bananen. Gefroren halten sie sich ebenfalls monatelang. Am besten werden sie dann eingefroren, wenn sie schön weich und reif sind und sich ihr Aroma am besten entfaltet hat. Zum Schutz vor Verfärbung können die Avocados vorher mit etwas Limetten- oder Zitronensaft beträufelt werden. Die Avocados von Schale und Kern befreien und in 2,5 cm dicke Würfel oder Scheiben schneiden. Danach fortfahren mit Schritt 2 und 3 wie bei den Bananen beschrieben.

FLÜSSIGKEITEN TIEFKÜHLEN

Auch Flüssigkeiten wie frischer Orangen- oder Apfelsaft sowie Nussmilch können problemlos eingefroren werden. Sie eignen sich ebenfalls gut zum Kühlen eines Smoothies, weil sie den Smoothie nicht verwässern.

SMOOTHIE-FAST-FOOD

Küchenfertige tiefgekühlte Smoothie-Portionen sind ein einfacher Trick, um Zeit zu sparen, und sie liefern in Nullkommanichts eine gesunde, sättigende Mahlzeit. Meistens bietet es sich an, immer gleich mehrere Portionen auf einmal zuzubereiten. Suchen Sie sich einfach einen Ihrer Lieblings-Smoothies aus, beispielweise den Grünen Evergreen (Seite 42). Nun werden außer den Flüssigkeiten alle Zutaten für eine oder zwei Portionen gewaschen und vorbereitet und dann, in einzelnen Gefrierbeuteln verpackt, tiefgekühlt. Wenn Sie dann Lust auf einen Smoothie haben, geben Sie einfach alle gefrorenen Zutaten aus dem Gefrierbeutel in den Mixer und gießen die im Rezept angegebene Flüssigkeit hinzu. Alles aufmixen, und schon ist der Smoothie fertig. Je nach Stärke des Mixers muss man eventuell die Zutaten leicht antauen lassen.

AUFBEWAHRUNG

Damit die Vitamine so gut wie möglich erhalten bleiben, sollten Smoothies und Säfte stets in luftdichten Behältnissen aufbewahrt werden. Wir verwenden dazu luftdicht verschließbare Einmachgläser und Flaschen. So aufbewahrt halten sie sich bis zu 48 Stunden.

DIE RICHTIGE KONSISTENZ

Wenn der verwendete Mixer nicht sehr leistungsstark ist, kann es vorkommen, dass der Smoothie nicht so ganz »smooth« und glatt wird wie gewünscht. Hierzu einige Tricks:

* Bei Blattgemüse zunächst die Blätter nur mit der Flüssigkeit sehr fein pürieren, erst dann die übrigen Zutaten zugeben.
* Werden in einem Rezept härtere Wurzelgemüse wie Möhren, Rote Bete oder Ingwer verarbeitet, können diese vor der Verarbeitung geraspelt oder gerieben werden.
* Für die Zubereitung von Nussmilch die Kerne vorher gut einweichen. Nach dem Pürieren mithilfe eines Nussmilchbeutels die groben Teile ausfiltern.
* Lassen Sie gefrorene Zutaten vor dem Pürieren leicht antauen.
* Sollte Ihr Mixer Schwierigkeiten haben, Datteln wirklich fein zu pürieren, können diese zuvor 15–20 Minuten in heißem Wasser eingeweicht werden. Oder aber Sie versuchen, weichere Datteln zu finden. Medjool-Datteln lassen sich in der Regel am besten verarbeiten.

THEMA BIO

Rohe Früchte und Gemüsesorten sind in Smoothies die wichtigsten Zutaten. Leider werden diese nicht selten mit Pestiziden behandelt: Gründliches Waschen und Abspülen ist deshalb in jedem Fall eine erste wichtige Maßnahme, leider aber nicht immer sehr effektiv, da einige (meist: synthetische) Pestizide im Pflanzengewebe stecken. Wir empfehlen deshalb, so viele Bio-Erzeugnisse zu verwenden, wie Ihr Geldbeutel hergibt. Da Bio-Ware recht teuer sein kann, orientieren wir uns an einer von der US- amerikanischen Umweltorganisation Environmental Working Group (EWG) herausgegebenen Liste, um zu sehen, bei welchen Zutaten die Belastung am höchsten ist und wo es sich daher am ehesten lohnt, auf Bio-Ware zurückzugreifen. Nach dieser Liste unterteilen sich die wichtigsten Zutaten in diesem Buch wie folgt:

HOCH BELASTET

Äpfel
Pfirsiche und Nektarinen
Erdbeeren
Weintrauben und Rosinen
Staudensellerie
Spinat
Paprikaschoten
Gurken
Grünkohl
Kirschtomaten

WENIGER BELASTET

Avocados
Ananas
Kohl
Erbsen (tiefgekühlt)
Kiwi
Mango
Süßkartoffeln
Grapefruit
Cantaloupe-Melone

GRUNDREZEPTE

Bevor wir uns nun konkret ans Mixen machen, möchten wir Ihnen einige Grundrezepte vorstellen, auf die wir an verschiedenen Stellen im Buch immer wieder zurückgreifen. Dazu gehört unser Rezept für cremige Nuss- und Samenmuse, die Ihrem Mix das besondere Etwas verleihen (Seite 26), knuspriges Granola, das bei unseren Smoothie-Kreationen als Topping dient (Seite 29), Chia-Pudding – köstlich als kleiner Imbiss und perfekt für die Zubereitung geschichteter Parfaits (Seite 28) – sowie ein Rezept für ungesüßtes Müsli, mit denen unsere Frühstücks-Smoothies gehaltvoller werden und auch noch mehr Biss bekommen (Seite 31).

Alle diese Grundrezepte werden in unserer Küche regelmäßig zubereitet, oft auch leicht abgewandelt – je nachdem, was wir gerade so zu Hause haben. Manchmal geben wir ein paar Trockenfrüchte in unser Granola, Limettenzeste in den Chia-Pudding oder etwas Ahornsirup und Zimt in das Nussmus. Am besten halten Sie das genauso – und machen sich diese Rezepte auf diese Weise ganz zu Ihren eigenen.

NUSSMUS

ERGIBT 600 G

Unsere Kleinfamilie ist verrückt nach Nussmus. Bei uns wird es aufs Brot geschmiert, in Brei gerührt, in Smoothies gemischt, auf Chia-Pudding gekleckst und sogar im Stieleis verwendet. Wir machen es selbst – erstens wissen wir dann ganz genau, was drin ist, und zweitens ist das auch noch viel preiswerter. Einige Marken fügen ihren Produkten gehärtete Fette, Haushaltszucker und sonstige Zusätze zu – nötig sind diese alle nicht. Alles, was man braucht, sind Nüsse, und diese stecken von Natur aus voller gesunder, einfach und mehrfach ungesättigter Fettsäuren, und sie liefern viel Energie. Meistens kombinieren wir Nusskerne mit Sonnenblumenkernen, weil diese günstiger und sehr geschmackvoll sind, aber man kann sich natürlich auch ein reines Nussmus machen. Wenn Nusskerne geröstet und dann in der Küchenmaschine gemahlen werden, setzen sie nach und nach ihre natürlich enthaltenen Fette frei und verwandeln sich in ein geschmeidiges buttriges Mus – ein wirklich faszinierender Vorgang!

600 g naturbelassene Nusskerne nach Wahl (oder eine Mischung aus Kernen und Samen)*
½ TL Meersalz

* *Besonders gern mögen wir eine Mischung aus Mandeln, Cashew-, Paranuss- und Sonnenblumenkernen zu gleichen Teilen.*

Den Backofen auf 150 °C vorheizen. Die Kerne in einer Schicht auf einem Backblech ausbreiten und 10–20 Minuten im Backofen goldbraun rösten. Dann aus dem Ofen nehmen und abkühlen lassen.

Die gerösteten Kerne mit dem Salz in einer Küchenmaschine auf hoher Stufe 10–20 Minuten lang pürieren, bis eine feine, glatte Creme entstanden ist. Die Küchenmaschine zwischendurch anhalten und das Mus mit einem Teigspatel von den Seiten nach unten streichen (so bewahrt man gleichzeitig den Motor vor Überhitzung).

Das Mus in ein gründlich gereinigtes mittelgroßes Einmachglas füllen, abkühlen lassen und im Kühlschrank aufbewahren.

Gut verschlossen und gekühlt hält sich das Nussmus einige Wochen.

TIPP: *Wer sein Nussmus mit etwas Biss bevorzugt, gibt kurz vor dem Ende des Mixvorgangs einige gehackte Nusskerne mit in die Küchenmaschine.*

CHIA-PUDDING

ERGIBT 250 ML

NUSSFREI

Chia-Pudding verziert mit frischen Beeren und gehackten Nüssen ist schon für sich genommen ein Genuss, ob zum Frühstück verzehrt, als Snack oder als Dessert. In diesem Buch kommt er meist in Kombination mit unseren Smoothies zum Einsatz, um optisch ansprechende Schichten zu erzeugen wie zum Beispiel im Mango-Chia-Parfait (Seite 64) oder im Chia-Parfait mit Kiwi und Grünkohl (Seite 99). Wer es gern etwas süßer mag, kann dem Chia-Pudding etwas Ahornsirup oder Honig zufügen. In Kombination mit einem unserer süßen Smoothies erübrigt sich natürlich das Süßen.

3 EL Chiasamen (schwarze oder weiße)
¼ TL gemahlene Vanille (oder 1 TL Vanilleextrakt)
1 EL Ahornsirup oder naturbelassener Honig (nach Belieben)
250 ml ungesüßte Pflanzenmilch (z. B. Kokosmilch)

Die Chiasamen mit der Vanille und dem Ahornsirup (falls verwendet) in eine Schüssel geben. Dann die Milch zugießen und alles gründlich vermengen. In den ersten 10 Minuten gelegentlich umrühren, damit sich keine Klümpchen bilden können.

Die Masse in ein mittelgroßes Einmachglas umfüllen und im Kühlschrank mindestens 30 Minuten lang oder über Nacht aufquellen lassen. Fertig ist der Pudding, wenn die Chiasamen von einer glibberigen Substanz umgeben sind und die Konsistenz insgesamt dick und geleeartig ist. Gut verschlossen hält er sich im Kühlschrank mehrere Tage.

TIPP: *Für den im Mango-Chia-Parfait sowie im Chia-Parfait mit Kiwi und Grünkohl verwendeten Kokos-Chia-Pudding empfehlen wir die Verwendung von weißen Chiasamen, ¼ TL Limettenzeste (statt eines natürlichen Süßungsmittels) und Kokosdrink oder Kokosmilch aus der Dose.*

KOKOS-BUCHWEIZEN-GRANOLA

ERGIBT ETWA 875 G

Das Tolle an diesem Knuspermüsli – abgesehen von seinem »kokosnussigen« Geschmack – ist, dass sich während des Backens köstliche Knusperhäufchen formen: ideal als Topping für unsere Schüssel-Smoothies wie den Acai-Beeren-Schmaus (Seite 82), das Chia-Parfait mit Kiwi und Grünkohl (Seite 99) oder auch einfach über Joghurt verteilt. Wir süßen das Granola nur sparsam – wer mag, gibt einfach noch mehr Ahornsirup dazu.

* *Unsere Lieblingsmischung setzt sich zusammen aus Mandeln, Kürbiskernen und Sesamsamen.*

150 g gemischte naturbelassene Nusskerne und Samen*
400 g Haferflocken (glutenfrei bei Unverträglichkeit)
100 g naturbelassener Buchweizen
80 g Buchweizenmehl
1 TL gemahlener Zimt
½ TL gemahlener Ingwer
½ TL Meersalz
125 ml natives Kokosöl
5 EL reiner Ahornsirup
¼ TL gemahlene Vanille (oder 1 TL Vanilleextrakt)
125 ml Wasser
50 g Kokoschips

Den Backofen auf 200 °C vorheizen und ein Backblech mit Backpapier auslegen. Die trockenen Zutaten (außer den Kokoschips) in einer großen Schüssel gründlich mischen und beiseitestellen. Das Kokosöl mit dem Ahornsirup und der Vanille auf niedriger Stufe in einem Topf zerlassen. Das Wasser unter das Öl rühren, über die trockenen Zutaten gießen und dann alles gründlich miteinander vermengen.

Die Masse in einer Schicht auf ein Backblech streichen und 20–30 Minuten im Backofen goldbraun backen, dabei hin und wieder rühren.

Einige Minuten vor Ende der Backzeit die Kokoschips über dem Müsli verteilen und mitbacken. Vorsicht, sie verbrennen leicht.

Fortsetzung nächste Seite

Unten links: Kokos-Buchweizen-Granola; *unten rechts:* Müsli.

Aus dem Ofen nehmen und abkühlen lassen. Dann das Granola in ein großes Einmachglas füllen und im Kühlschrank aufbewahren. Gut verschlossen hält sich das Knuspermüsli einen Monat.

MÜSLI

ERGIBT 700 G

NUSSFREI

Ich kann mir nicht vorstellen, dass unser hausgemachtes Müsli auch nur zweimal genau gleich ausgesehen hat, denn wir verwenden stets eine andere Kombination aus Körnern, Getreidesorten, Samen und Trockenfrüchten. (Das hängt einfach davon ab, was wir gerade zur Hand haben.) Davon abgesehen halten wir uns aber bei der Zubereitung schon an einige Faustregeln, damit das Müsli in Geschmack und Konsistenz stimmig und ausgewogen gelingt. Im Gegensatz zum Kokos-Buchweizen-Granola wird bei diesem Müsli nichts erhitzt. Es ist komplett nussfrei und ungesüßt, abgesehen von der Süße aus den verwendeten Trockenfrüchten. Da es nicht geröstet ist, geben wir es bevorzugt direkt auf den Glasboden unter einen Smoothie wie in unserem Upside-Down-Frühstück (Seite 89), oder wir reichen es zur Erdbeer-Cashew-Milch (Seite 108). Durch die Flüssigkeit quillt das Müsli leicht auf und wird etwas weicher und breiiger, genau wie Birchermüsli.

180 g Haferflocken (Feinblatt) oder eine Kombination aus Fein- und Großblattflocken (glutenfrei bei Unverträglichkeit)
150 g naturbelassene Kerne und Samen*
150 g ungesüßte Trockenfrüchte**
90 g Vollkornflocken***
50 g gepuffte Körner***
50 g Kokosraspel (oder ungesüßte Kokoschips)
1 TL gemahlener Zimt
½ TL gemahlener Ingwer

Alle Zutaten in einer großen Schüssel sorgfältig vermengen.

Die Mischung in ein großes Einmachglas füllen und im Vorratsschrank aufbewahren. Gut verschlossen hält sich das Müsli mehrere Monate.

* *Gut geeignet sind Kürbiskerne, Sonnenblumenkerne, Leinsamen, Sesamsamen und Hanfsamen.*

** *Gut geeignet sind Sultaninen, Rosinen, Korinthen, Cranberries, Heidelbeeren, Gojibeeren, grob zerkleinerte Aprikosen, Feigen, Pflaumen, Datteln, Apfelscheiben und Bananenchips. Achten Sie jedoch darauf, dass sie jeweils ohne Zusatz von Zucker, Konservierungsmitteln oder Farbstoffen sind. Ersatzweise können auch tiefgekühlte Trockenfrüchte verwendet werden.*

*** *Gut geeignet sind Gerste, Mais, Roggen, Weizen, Dinkel, Reis, Hirse, Kamut, Sorghum, Quinoa, Buchweizen und Amaranth.*

EINFACHE SMOOTHIES

Einmal im Monat sind wir bei meinem Vater zum Brunch eingeladen. Es gibt immer mindestens drei Sorten Sauerteigbrot (zwei Sorten Roggenbrot und ein Brot mit Aprikosen), dazu Butter, Konfitüren und Käse, Bananen-Pfannkuchen ohne Mehl – »nach deinem Rezept«, sagt er dann jedes Mal stolz –, eine große Schüssel Obstsalat, Cappuccino und frisch gepressten Orangensaft. Manchmal steht sogar ein farbenfroh verzierter Geburtstagskuchen auf dem Tisch. »Zur Feier des Tages – weil wir hier zusammengekommen sind!« Und jedes Mal gibt es auch einen großen Krug mit hausgemachtem Smoothie.

Dads Smoothies sind so einfach wie gut, und so stellten wir uns bei der Zusammenstellung dieses Kapitels oft die Frage: »Würde Dad dieses Rezept auswählen?« Voraussetzung dafür, dass er es ausprobieren würde, war in erster Linie die Einfachheit der Zubereitung – dann durfte es geschmacklich ruhig auch mal etwas anderes und ein bisschen gewagter sein.

So kommen nun bei manchen Rezepten in diesem Kapitel Gewürze, Nussmus und manchmal auch Gemüse zum Einsatz, aber sie alle sind gut überschaubar zusammengestellt sowie einfach und schnell zubereitet. Die entsprechenden Zutaten finden Sie in der Regel in jedem größeren Supermarkt; sie werden einfach im Mixer verarbeitet und in ein Glas gegossen.

Für Einsteiger oder wenn es einmal schneller gehen soll sind die hier vorgestellten Rezepte ein guter Start und eine solide Basis für die – etwas aufwendigeren – Smoothies im darauffolgenden »Hingucker«-Kapitel.

DAVID

GRÜNER ZAUBERTRANK

FÜR 2 PERSONEN
oder 4 kleine Portionen

NUSSFREI

Wer Kinder dazu zu verleiten will, mehr Gemüse zu essen, ist gut beraten, dieses in Smoothies zu verarbeiten. Gemixt mit süßeren Zutaten tritt der herbere Gemüsegeschmack in den Hintergrund und wird als gefälliger wahrgenommen. Besonders geeignet ist tiefgekühltes Gemüse, da es milder schmeckt und häufig (weil es unmittelbar nach der Ernte eingefroren wird) sogar nährstoffreicher ist als frisches Gemüse. Dieser grüne Smoothie enthält sowohl Brokkoli als auch Erbsen, schmeckt aber durch die Banane süß und fruchtig. Für einen frischen Kick sorgen Orangensaft und Ingwer. Bei diesem Rezept stand die Kinderfreundlichkeit im Vordergrund, aber es eignet sich genauso gut für Erwachsene, die gern mehr Gemüse essen wollen.

1 reife Banane, ohne Schale
50 g tiefgekühlte Brokkoliröschen
50 g tiefgekühlte Erbsen
1 EL Leinsamen
½ TL geriebener frischer Ingwer (oder ¼ TL gemahlener Ingwer)
250 ml frisch gepresster Orangensaft (ungesüßt, nicht aus Konzentrat, entspricht etwa dem Saft von 3 Orangen)

Die Banane grob zerkleinern und mit den übrigen Zutaten in den Mixer geben.

Auf hoher Stufe alles zu einem feinen Smoothie pürieren.

In zwei mittelgroße oder vier kleine Glasflaschen füllen und mit Trinkhalmen servieren.

EINFACHER HIMBEER-SMOOTHIE

FÜR 2 PERSONEN
oder 1 große Portion

—

NUSSFREI

Dieser Smoothie ist wirklich unkompliziert und gelingt dank einfachster Zutaten (ohne irgendwelche Superfoods) immer. Zudem sieht er auch noch richtig gut aus und schmeckt klasse. Kurzum, dies ist ein Rezept, das ganz ohne außergewöhnliche Aromen oder sonstigen Schnickschnack auskommt – ideal für Kinder und für Erwachsene, die Smoothies sonst eher skeptisch betrachten. Er schmeckt herrlich frisch nach Himbeeren und Joghurt, für eine leichte Säure sorgt die Zitrone, Datteln und Kokosnuss liefern einen Hauch Süße.

180 g tiefgekühlte Himbeeren
4–5 Datteln, entsteint
2 EL Kokosraspel
250 g Naturjoghurt (für eine vegane Alternative Kokos-Joghurt oder Bio-Sojajoghurt verwenden)
1 EL Zitronensaft
100 ml Wasser, falls erforderlich

Alle Zutaten in einen Mixer geben und auf hoher Stufe zu einem feinen Smoothie pürieren. Je nach Stärke des Mixers muss möglicherweise noch etwas Wasser zugegeben werden.

Abschmecken und gegebenenfalls zum Nachsüßen noch weitere Datteln zugeben.

Den Saft in zwei mittelgroße Gläser oder ein großes Einmachglas (wie auf dem Bild rechts gezeigt) gießen.

MOCHA-MORNING-HIT

FÜR 1 PERSON

NUSSFREI

Das ist unsere Smoothie-Variante des morgendlichen Cappuccinos. Er enthält Datteln für eine leichte Süße, einen Hauch Kakao und ein paar Haferflocken für eine sämigere, gehaltvollere (und länger sättigende) Konsistenz. Bei der Mengenangabe für die Datteln lassen wir Ihnen bewusst Spielraum, ebenso für den Espresso: Wie viel Sie verwenden, hängt letztlich davon ab, wie stark oder mild Sie es mögen. Das Ergebnis ist in jedem Fall ein geschmacklich rundum ausgewogener morgendlicher Hochgenuss. An heißen Sommertagen füllen wir noch etwas Eis in das Glas, bevor wir die Mischung darübergießen, und nennen das Ganze dann »Mochaccino on the Rocks«.

3–5 Datteln, entsteint
2 TL Kakaopulver
3 EL Haferflocken (glutenfrei im Fall einer bestehenden Unverträglichkeit)
250 ml ungesüßte Pflanzenmilch
2–4 EL Espresso (nach Geschmack)
1 TL natives Kokosöl
2 Eiswürfel

Alle Zutaten in einen Mixer geben und auf hoher Stufe zu einem feinen Smoothie pürieren.

Abschmecken und gegebenenfalls noch mehr Datteln für mehr Süße sowie mehr Kaffee oder Milch dazugeben.

Den Smoothie in ein mittelgroßes Glas oder eine Tasse füllen und sofort genießen. Die auf dem Bild links sichtbare helle Spirale erreicht man durch einen Extraschuss Pflanzenmilch, der mit einem Löffel leicht eingerührt wird.

GRÜNER EVERGREEN

FÜR 2 PERSONEN
oder 1 große Portion

NUSSFREI

Dieser grüne Smoothie ist einer unserer absoluten Favoriten, dabei ist er ganz schnell und einfach zubereitet und erfordert nur wenige Zutaten. Die süße, saftige Ananas bildet ein perfektes Gegengewicht zum grasigen Aroma des Spinats, der Ingwer sorgt für den gewissen Pfiff. Wenn Sie sich für diese Kombi genauso begeistern können wie wir, dann können wir Ihnen auch den Ananas-Gemüse-Saft (Seite 123) im Säfte-Kapitel empfehlen.

* *Falls die Ananas nicht besonders süß und saftig ist, nehmen Sie einfach etwas mehr davon, oder Sie geben noch eine halbe reife Banane dazu.*

150 g reife Ananas, geschält*
60 g tiefgekühlter Spinat (möglichst Bio-Ware)
½ reife Avocado, geschält und entkernt
Saft von ½ Limette
½–1 TL geriebener frischer Ingwer (oder ¼–½ TL gemahlener Ingwer)
250 ml Reismilch (oder Kokoswasser)

Die Ananas grob zerkleinern und mit den übrigen Zutaten in den Mixer geben.

Auf hoher Stufe alles zu einem feinen Smoothie pürieren. Abschmecken und gegebenenfalls noch etwas mehr Ingwer dazugeben.

In zwei mittelgroße Gläser füllen und sofort verzehren oder für das nächste Picknick (wie auf dem Bild rechts gezeigt) in eine große, luftdicht verschließbare Flasche geben.

GUTE-NACHT-SMOOTHIE

FÜR 1 PERSON
oder 2 kleine Portionen

Es muss nicht immer Kamillentee mit Honig sein – dieser sämige Smoothie mit einem Hauch wärmender Gewürze ist eine ebenso gute Einschlafhilfe. Bananen und Mandeln enthalten viel Magnesium – ein entspannend wirkender Mineralstoff und ein gutes Mittel gegen Stress –, und Muskatnuss wirkt beruhigend. Wer sich kurz vor dem Zubettgehen mit natürlichem Magnesium versorgt, steigert also die Aussichten auf guten Schlaf.

Wenn Sie unter Schlaflosigkeit leiden, Ihr Kind nicht gut einschlafen kann oder unter Wachstumsschmerzen leidet, kann Magnesium auch in Form eines hochwertigen Nahrungsergänzungsmittels zugeführt werden.

Schlafen Sie gut!

1 reife Banane, ohne Schale
2 EL naturbelassene Mandeln (möglichst zuvor eingeweicht)
1 EL Leinsamen
1 Prise frisch geriebene Muskatnuss
125–250 ml Wasser
1 TL natives Kokosöl
½ TL gemahlene Vanille (oder Vanilleextrakt)

Die Banane grob zerkleinern und mit den übrigen Zutaten in den Mixer geben.

Auf hoher Stufe alles zu einem feinen Smoothie pürieren. Abschmecken und die Konsistenz gegebenenfalls mit etwas mehr Wasser anpassen.

In ein mittelgroßes Glas (wie auf dem Bild links gezeigt) oder zwei kleine Gläser füllen. Bei Zimmertemperatur servieren, um nicht kurz vor dem Schlafengehen den Körper übermäßig zu beanspruchen.

TIPP: *Auch Reisproteinpulver ist magnesiumreich sowie gut dazu geeignet, die allgemeine Nährstoffzufuhr zu verbessern und zu vermeiden, nachts mit einem Hungergefühl aufzuwachen.*

Ball
PERFEC
MASO

SUPERBEEREN-FENCHEL-SMOOTHIE

FÜR 2 PERSONEN
oder 1 große Portion

Da wir in einem Land mit deutlich ausgeprägten Jahreszeiten leben, stehen uns im Winter vorwiegend importierte Obst- und Gemüsesorten zur Verfügung. Aus diesem Grund achten wir immer darauf, einen Beerenvorrat aus unserer unmittelbaren Umgebung im Gefrierfach zu haben, sodass wir wenigstens das ganze Jahr über leckere Smoothies machen können. Beeren sind zuckerarm, enthalten viele Antioxidantien (die vor Zellschäden durch freie Radikale schützen) und gehören, keineswegs nur in Smoothies, zu unseren Lieblingszutaten in der Küche. In diesem Smoothie verwenden wir einfach einen Beutel gemischte Beeren (normalerweise sind dies Erdbeeren, Himbeeren, Heidelbeeren und schwarze Johannisbeeren) zusammen mit einer Avocado für eine sämige Konsistenz, Ingwer für den gewissen Pfiff, Orange zum Süßen und Fenchel aufgrund seiner gesunden, reinigenden Eigenschaften. Allerdings schmeckt der Smoothie überhaupt nicht »gesund«, sondern einfach nur herrlich erfrischend! Falls Sie es gern süßer haben, geben Sie einfach noch eine Banane dazu.

1 Orange (möglichst Blutorange), geschält
½ kleine Fenchelknolle, geputzt (etwa 50–70 g)
½ reife Avocado, geschält und entkernt
150 g tiefgekühlte gemischte Beeren
½–1 TL geriebener frischer Ingwer (oder ¼–½ TL gemahlener Ingwer)
250 ml Mandelmilch (oder eine andere ungesüßte Milch nach Wahl)

Die Orange und die Fenchelknolle grob zerkleinern und mit dem Fleisch der Avocado plus den übrigen Zutaten in den Mixer geben.

Auf hoher Stufe alles zu einem feinen Smoothie pürieren. Abschmecken und nach Belieben noch etwas mehr Ingwer dazugeben.

Den Saft in zwei mittelgroße Gläser oder in ein großes Einmachglas (wie auf dem Bild links gezeigt) füllen. Mit Trinkhalmen servieren.

AVOCADO-MANGO-LIMETTEN-SMOOTHIE

FÜR 2 PERSONEN

NUSSFREI

Avocados verwenden wir gern, denn sie sorgen für eine seidig-glatte Konsistenz, für die wir sonst auf Bananen oder Milchprodukte zurückgreifen müssten. Hier ist die Avocado aber viel mehr als nur eine nützliche Beigabe – sie ist das Highlight schlechthin. Wir kombinieren sie mit reichlich Limettensaft für die Frische, mit Mango und Datteln für die Süße. Das Ergebnis ist ein sagenhaft leckerer, sämiger Smoothie, der geschmacklich an Key Lime Pie erinnert, den köstlichen Limettenkuchen aus Florida.

1 reife Avocado, geschält und entkernt
½ reife Mango, geschält und entkernt (oder tiefgekühlt*; etwa 100 g Fruchtfleisch)
2–4 Datteln, entsteint
250 ml Wasser
Saft von 1–2 Limetten

* *Falls Sie eine tiefgekühlte Mango verwenden, können Sie für zusätzliche Süße etwas Orangensaft (ungesüßt, nicht aus Konzentrat) mit in den Mixer geben.*

Das Avocado- und Mangofruchtfleisch mit den übrigen Zutaten in den Mixer geben und auf hoher Stufe zu einem feinen Smoothie pürieren.

Abschmecken und nach Belieben noch mehr Datteln (für mehr Süße) und/oder Limettensaft (fur mehr Säure) zugeben.

In zwei mittelgroße Gläser füllen und servieren.

TROPICALIA

FÜR 2 PERSONEN

NUSSFREI

Ich persönlich bin kein großer Freund von Melonen in Smoothies. David versucht immer, mich umzustimmen mit dem Argument, dass sie so viel Flüssigkeit enthalten: Melonen seien einfach ideale Früche, sagt er, um zu Saft verarbeitet zu werden. Ich kaue sie trotzdem lieber, weil das für mich ein viel größerer Genuss ist. Immerhin: Auf dieses Melonen-Smoothie-Rezept hier konnten wir uns dann doch beide einigen. Dank Mango, Passionsfrucht und Limette schmeckt dieser Smoothie sehr fruchtig, süß und exotisch. Zudem ist das Ganze auch noch herrlich erfrischend – da will man doch selbst als Melonen-Smoothie-Gegner gern noch einen Nachschlag.

LUISE

1 Orange, geschält
½ kleine Honig- oder Cantaloupe-Melone, ohne Kerne (etwa 300 g Fruchtfleisch)
½ reife Mango, geschält und entkernt (oder tiefgekühlt; etwa 100 g Fruchtfleisch)
1 Passionsfrucht oder ½ gelbfleischige Kiwi (Gold)
Saft von ½ Limette

Die Orange grob zerkleinern und zusammen mit dem Fruchtfleisch von Melone, Mango und Passionsfrucht sowie dem Limettensaft in den Mixer geben.

Auf hoher Stufe alles zu einem feinen Smoothie pürieren.

In zwei mittelgroße Gläser füllen und servieren.

Rechte Seite: Bananen-Snickers-Shake (oben links); Einfacher Himbeer-Smoothie (oben Mitte); Tropicalia (Mitte links); Grüner Evergreen (Mitte rechts); Bohnen, Rote Bete, Heidelbeeren (unten rechts).

BANANEN-SNICKERS-SHAKE

FÜR 2 PERSONEN

Voilà, das Rezept für den ultimativen Nachmittags-Muntermacher! Dies ist ein schneller, einfacher Smoothie, der wie ein Snickers-Schokoriegel schmeckt (ok, fast so), nur gesünder! Erdnüsse liefern einen hohen Anteil einfach ungesättigter Fettsäuren und Energie und helfen daher dabei, die Zeit bis zum Abendessen zu überbrücken. Für unseren Sohn ist dies der absolute Favorit, und es waren gerade mal zehn Sekunden vergangen, nachdem dieses Foto entstanden war, da hatte er schon die Hälfte davon verputzt, während der Rest sich überall auf seinem schicken Jeanshemd verteilte.

2 tiefgekühlte Bananen (Seite 22)
4 EL Erdnussbutter (siehe Nussmus, Seite 26)*
2 EL Kakaopulver
1 Prise Meersalz
250 ml Wasser

Alle Zutaten in einen Mixer geben und auf hoher Stufe zu einem feinen Smoothie pürieren.

Abschmecken und nach Belieben noch etwas mehr Salz zugeben.

In zwei mittelgroße Glasflaschen füllen und servieren.

* *Falls Sie die Erdnussbutter nicht selbst machen, sollten Sie ersatzweise zu einem hochwertigen gekauften Produkt greifen, das außer gerösteten (oder naturbelassenen) Bio-Erdnüssen und Salz keine weiteren Zusätze enthält. Vermeiden Sie Sorten mit gehärteten Fetten, raffiniertem Zucker und sonstigen Zusatzstoffen.*

TIPP: *Soll der Shake nahrhafter und sättigender werden, können Sie 1 EL Proteinpulver (aus Erbsen, Hanf, Naturreis oder Molke) dazugeben.*

ERDBEERSCHMAUS

FÜR 2 PERSONEN

Wie gut Basilikum und Erdbeeren geschmacklich zueinander passen, wurde uns klar, als wir einmal beides in einem Linsensalat kombiniert haben. Seitdem kommen auf mein Erdbeer-Roggen-Sandwich immer Basilikumblätter, und nicht selten landen sie auch in einem Erdbeer-Smoothie, da sie das Ganze geschmacklich so schön abrunden. In diesem Rezept sorgen einige Granatapfelkerne zusätzlich für einen süßen, saftigen und frischen Kick. Ein Smoothie, der überall richtig gut ankommt. Lassen Sie es sich schmecken!

DAVID

150 g tiefgekühlte Erdbeeren (oder frische Früchte; möglichst Bio-Ware)
1 reife Banane, ohne Schale (oder tiefgekühlt, wenn die Erdbeeren frisch sind)
Kerne von 1/2 Granatapfel (etwa 90 g)
4–6 frische Basilikumblätter
1 Prise gemahlene Vanille (oder ½ TL Vanilleextrakt)
250 ml Hafermilch (oder Mandelmilch)

Alle Zutaten in einen Mixer geben und auf hoher Stufe zu einem feinen Smoothie pürieren.

Abschmecken und nach Belieben noch mehr Basilikumblätter dazugeben.

Den Saft in zwei mittelgroße Gläser füllen und servieren.

DREI POST-WORKOUT-SMOOTHIES

Bei der Entstehung dieses Buchs wurde deutlich, dass Smoothies nahezu jede Mahlzeit am Tag ersetzen können. Vielleicht am besten eignen sie sich aber »post Workout« – also nach dem Sport: Wenn man zum Kochen einfach zu ausgepowert ist, gibt es keine schnellere Methode, seinem Körper Energie zurückzugeben. Wir haben drei verschiedene Post-Workout-Smoothies entwickelt – mit Zutaten, die nicht nur die Regeneration fördern, sondern auch noch unglaublich gut schmecken.

GRÜNE GRUNDVERSORGUNG

NACH DEM CARDIO-TRAINING

FÜR 2 PERSONEN
oder 1 große Portion

—

NUSSFREI

Sellerie verfügt über entzündungshemmende Eigenschaften und ist eine großartige Natriumquelle, Banane liefert viel Kalium, Spinat reichlich Magnesium – allesamt Elektrolyte, die beim Schwitzen ausgeschieden werden. Zusammen mit den hydrierenden Eigenschaften von Kokoswasser sowie dem Protein aus dem Erbsenpulver sind sie die optimalen Zutaten zur Förderung von Regeneration und Rehydrierung des Körpers nach dem Sport. Limette und Ingwer steuern einen erfrischenden Geschmack bei.

—

1 Stange Sellerie (mit Blättern; möglichst Bio-Ware)
1 tiefgekühlte Banane (Seite 22)
1 Handvoll Spinat (oder anderes grünes Blattgemüse; möglichst Bio-Ware)
1 EL Erbsenproteinpulver (oder ein anderes hochwertiges Proteinpulver)
½ TL geriebener frischer Ingwer (oder ¼ TL gemahlener Ingwer)
250 ml Kokoswasser
Saft von ½ Limette

—

TIPP: *Auf Seite 13 finden Sie nähere Informationen zu Proteinpulvern.*

Je nach Leistungsstärke des Mixers die Selleriestange grob oder fein zerkleinern und zusammen mit den übrigen Zutaten in den Mixer geben.

Auf hoher Stufe alles zu einem feinen Smoothie pürieren.

In zwei mittelgroße Gläser füllen und servieren oder in eine große, luftdicht verschließbare Flasche geben und in die Sporttasche packen.

Fortsetzung nächste Seite

PURPLE POWER

VOR UND NACH DEM WORKOUT

FÜR 2 PERSONEN
oder 1 große Portion

Rote Beten (und andere nitratreiche Gemüsesorten) verbessern den Blut- und Sauerstoff-Fluss in den Muskeln und bewirken eine effizientere Sauerstoffverwertung. Sauerkirschen sind reich an Antioxidantien und helfen dem Körper nach einem intensiven Training bei der Regeneration. Außerdem beugen sie dem Auftreten von Muskelkater vor. Rote-Bete- und Sauerkirschsaft sollten am besten regelmäßig getrunken werden, um ihre gesundheitlichen Vorzüge optimal zu nutzen.

1 kleine Rote Bete, geschält (etwa 80 g)
1 EL getrocknete Sauerkirschen oder Sauerkirschpulver (ersatzweise Goji-Beeren)
60 g tiefgekühlte Himbeeren
1 reife Banane, ohne Schale
1 EL Hanfsamen oder Hanfproteinpulver (nach Belieben auch mehr)
½–1 TL geriebener frischer Ingwer (oder ¼–½ TL gemahlener Ingwer)
350 ml Mandelmilch (oder eine andere ungesüßte Milch nach Wahl)
1–2 EL Zitronensaft

Je nach Leistungsstärke des Mixers die Rote Bete grob zerkleinern oder hobeln und zusammen mit den übrigen Zutaten in den Mixer geben.

Auf hoher Stufe alles zu einem feinen Smoothie pürieren. Abschmecken und nach Belieben mehr Ingwer oder Zitronensaft zugeben, wenn es kräftiger beziehungsweise säuerlicher schmecken soll.

In zwei mittelgroße Gläser füllen und servieren oder in eine große luftdicht verschließbare Flasche geben und in die Sporttasche packen.

TIPP: *Auf Seite 13 finden Sie nähere Informationen zu Proteinpulvern.*

MADE IN USA

HEIDELBEER-HELD

NACH DEM KRAFTTRAINING

FÜR 2 PERSONEN
oder 1 große Portion

Nach einem Krafttraining die Muskeln wieder gut zu versorgen ist fast genauso wichtig wie das Training selbst, denn auf diese Weise werden die Muskeln bei der Regeneration und beim Aufbau unterstützt. Unmittelbar nach dem Sport benötigt der Körper eine Kombination aus Kohlenhydraten und Proteinen. Dafür ist dieser Smoothie hier ideal! Protein-Smoothie klingt vielleicht erst einmal nicht besonders attraktiv, aber dieser hier schmeckt fast wie ein in eine Flasche abgefüllter Heidelbeerkuchen. Man kann dazu ein beliebiges Proteinpulver verwenden – wichtig ist, dass es ein hochwertiges Produkt ist mit nur wenigen unverfälschten Inhaltsstoffen. Im Bioladen oder Fachhandel wird man Sie sicher gern beraten.

1 reife Banane, ohne Schale
150 g tiefgekühlte Heidelbeeren
2 EL Nussmus (Seite 26)
1 EL Kürbiskerne
1 EL Molkenproteinpulver (oder ein beliebiges anderes Eiweißpulver)
¼ TL gemahlener Kardamom
250 ml Mandelmilch (oder eine andere ungesüßte Milch nach Wahl)

Die Banane grob zerkleinern und mit den übrigen Zutaten in den Mixer geben.

Auf hoher Stufe alles zu einem feinen Smoothie pürieren.

In zwei mittelgroße Gläser füllen und servieren oder in eine große, luftdicht verschließbare Flasche geben und in die Sporttasche packen.

TIPP: *Auf Seite 13 finden Sie nähere Informationen zu Proteinpulvern.*

ABSOLUTE HINGUCKER

Smoothies sind schon ohne großes Drumherum fantastisch – schnell zubereitet, problemlos zu variieren, randvoll mit gesundem Obst und Gemüse sowie – das vor allem – sehr lecker. Warum also etwas Einfaches kompliziert(er) machen? Weil wir – etwa bei unserer 537. Eigenkreation – feststellten, dass unsere Smoothies mit ein paar Kunstgriffen *noch* besser wurden. Um dem Ganzen nun auch den passenden Rahmen zu geben, servieren wir die in diesem Kapitel vorgestellten Smoothies in Schalen mit jeder Menge Granola und frischen Früchten darauf, schichten sie zusammen mit Chia-Pudding, Joghurt oder Nussmus in hohe Gläser, schütten sie aber auch über frisches Beerenmus, was hübsche bunte Strudel erzeugt. Und wir bereiten herrliche zweifarbige Smoothies zu. Auf diese Weise schaffen wir nicht nur Abwechslung in Aroma und Konsistenz – der Smoothie wird auch noch zu einer vollwertigen Mahlzeit. Und: zu einem absoluten Hingucker! Das sind keine Smoothies für mal eben zum Mitnehmen in der Sporttasche, sondern welche, die man stolz auf den Tisch stellen kann, wenn liebe Freunde vorbeikommen. Ganz so kompliziert, wie ihr grandioser Look vermuten ließe, ist ihre Zubereitung übrigens gar nicht. Natürlich brauchen Sie dafür schon etwas mehr Mühe und Zeit als für die einfachen Smoothies im vorherigen Kapitel. Aber, versprochen, das Ergebnis ist es wert! Bald schon werden Sie auf der Basis der hier vorgestellten Rezepte ihre eigenen hinreißenden Smoothies kreieren.

MANGO-CHIA-PARFAIT

FÜR 2 PERSONEN

NUSSFREI

Wenn Mangos Saison haben und reif gepflückt werden, schmecken sie fast unwirklich – so süß und saftig! Auf unserer Reise durch Australien konnten wir einfach nicht genug von ihnen bekommen. Dieses Aroma wollten wir unbedingt in einem Smoothie festhalten, also kreierten wir diese exotisch-tropische Köstlichkeit. Lagen perlweiß-sahnigen Kokos-Chia-Puddings mit aromatisch-blumiger Vanillenote werden mit frischem, herbem Passionsfruchtmus und einem süß-saftigen Smoothie durchzogen. Ingwer und Limette sorgen für den würzig-peppigen Kick, während Buchweizen und Tahini Volumen und natürliches Kalzium beisteuern. Dies ist ein echter Hingucker – und Genuss pur!

FÜR DEN CHIA-PUDDING
250 ml Kokos-Chia-Pudding (aus weißen Chiasamen und Kokosdrink oder Dosen-Kokosmilch; Seite 28)

FÜR DEN MANGO-SMOOTHIE
1 reife Mango, geschält und entkernt (oder tiefgekühlt, aufgetaut; etwa 200 g Fruchtfleisch)
2 Passionsfrüchte oder 1 gelbfleischige Kiwi (Gold)
2 EL roher Buchweizen (möglichst eingeweicht)
1 TL weißes Tahini
½ TL geriebener frischer Ingwer (oder ¼ TL gemahlener Ingwer)
Saft von ½ Limette

** Falls Sie tiefgekühlte Mango verwenden, können Sie für zusätzliche Süße etwas Orangensaft (ungesüßt, nicht aus Konzentrat) mit in den Mixer geben.*

ZUM SERVIEREN
2 Passionsfrüchte oder gelbfleischige Kiwis (Gold), zu Mus zerdrückt
Mangofruchtfleisch, fein zerkleinert
geröstete Kokoschips

Das Mangofruchtfleisch und das Passionsfrucht- oder Kiwimus mit den restlichen Zutaten für den Mango-Smoothie in einen Mixer geben. Auf hoher Stufe so fein wie möglich pürieren. Die Hälfte des Chia-Puddings in zwei mittelgroße Gläser geben.

Eine Schicht Passionsfrucht- oder Kiwimus und dann die Hälfte des Mango-Smoothies darübergeben. Einen künstlerischen Ausdruck bekommt das Ganze, wenn die Schichten ungleichmäßig sind. Mit dem restlichen Chia-Pudding, Passionsfruchtmus und dem restlichen Mango-Smoothie wiederholen.

Das Parfait kalt mit etwas gehackter Mango und Passionsfruchtmus sowie einigen Kokoschips servieren.

LADY IN PINK

FÜR 2 PERSONEN
oder 1 große Portion

Smoothies werden zwar oft in Gläsern, Flaschen oder Krügen angeboten, sie können aber auch in Schalen serviert und mit einem Löffel gegessen werden. So hat man eher das Gefühl einer vollständigen Mahlzeit, und es gibt mehr Platz für Toppings – immer ein Pluspunkt. Diese Kreation ist ein wenig dickflüssiger als ein gewöhnlicher Smoothie und enthält Proteinpulver, damit das Frühstück »komplett« wird. Hübsch anzusehen ist es außerdem.

250 ml Hafermilch (oder Mandelmilch)
1 tiefgekühlte Banane (Seite 22)
120 g tiefgekühlte Himbeeren
60 g tiefgekühlte oder frische rote Johannisbeeren (oder Preiselbeeren)
2 EL Proteinpulver (aus Naturreis, Hanf, Erbse oder Molke)
1 EL Nussmus (Seite 26)
1 EL Macapulver
1 EL Zitronensaft

FÜR DAS TOPPING
Hanfsamen oder Blütenpollen
Leinsamen
geröstete Kokoschips
frische Brombeeren, rote und schwarze Johannisbeeren
essbare Stiefmütterchen, nach Belieben

Die Hälfte der Milch mit den übrigen Zutaten in den Mixer geben.

Auf hoher Stufe sehr fein pürieren, gegebenenfalls noch den Rest der Milch zugeben.

In zwei kleine oder eine mittelgroße Schale (wie auf dem Foto links gezeigt) gießen. Zum Schluss einige Samen und Kokoschips sowie ein paar Beeren und Stiefmütterchen darüberstreuen und servieren.

ERDNUSSBUTTER-SHAKE MIT ERDBEEREN

FÜR 2 PERSONEN
oder 1 große Portion

Diese flüssige Version des klassischen Peanut Butter and Jelly-Sandwiches aus den USA ist eine Offenbarung. Es ist schnell gemacht, sagenhaft lecker und bekommt dank der Erdbeeren einen hübschen Marmoreffekt, während die Limette den Frischekick beisteuert. Es mag unkomplizierter erscheinen, die Erdbeeren einfach mit den übrigen Zutaten in den Mixer zu geben, aber es sind eben die einzelnen Schichten, die aus diesem Milchshake etwas ganz Besonderes machen.

FÜR DEN ERDNUSSBUTTER-SHAKE
1 reife Banane, ohne Schale
3 EL hochwertige Erdnussbutter (oder ein anderes Nussmus, Seite 26)
250 ml Hafermilch (oder eine andere ungesüßte Milch nach Wahl)
2–3 Eiswürfel

ZUM SERVIEREN
frische Erdbeeren, geputzt (möglichst Bio-Ware)
Saft von ½ Limette

Alle Zutaten in einen Mixer geben und auf hoher Stufe zu einem feinen Smoothie pürieren.

Die Erdbeeren vierteln und leicht mit einer Gabel zerdrücken, dann in zwei mittelgroße Gläser oder in ein großes Glas (wie auf dem Foto gezeigt) geben. Die halbe Limette über den Erdbeeren ausdrücken und diese dann mit der Rückseite eines Löffels leicht nach unten drücken, damit sie etwas von ihrem Saft abgeben.

Den Erdnussbutter-Shake über die Erdbeeren geben und servieren.

CHIA-HIMBEER-PUDDING

FÜR 2 PERSONEN
oder 1 große Portion

Diese Himbeervariante eines Chia-Puddings ist schön sättigend und sehr lecker als Frühstück oder Snack für zwischendurch. Süßt man ihn leicht mit einigen Datteln, kann dieser Pudding sogar als Dessert auf den Tisch kommen. Im Kühlschrank aufbewahrt, ist er ein perfektes, schnelles Frühstück für unterwegs. Das Topping hängt ganz von Ihren Vorlieben ab. Wir fügen gern noch etwas Nussmuss zu, weil es die süßen und herben Fruchtaromen gut abrundet.

* *Die Himbeeren können durch andere Beeren oder Fruchtmus, die Milch kann durch frisch gepressten Saft ersetzt werden.*

120 g frische reife Himbeeren (oder tiefgekühlte, aufgetaut)*
3 EL Kokosraspel
3 EL schwarze Chiasamen
½ TL gemahlene Vanille (oder Vanilleextrakt)
250 ml Pflanzenmilch nach Wahl

FÜR DAS TOPPING
Haselnussmus (oder ein anderes Nussmus nach Wahl, Seite 26)
grünfleischige Kiwi, geschält und in grobe Stücke gehackt
frische Himbeeren und Brombeeren
frische Minzeblätter
Hanfsamen

Die Himbeeren in eine Schüssel geben und mit einer Gabel zerdrücken. Die Kokosraspel, die Chiasamen und die Vanille unterrühren, dann die Milch zugießen und alles sorgfältig vermischen. Während der ersten 10 Minuten gelegentlich umrühren, um Klümpchenbildung zu vermeiden.

Mindestens 30 Minuten oder über Nacht im Kühlschrank quellen lassen. Der Pudding ist fertig, wenn die Konsistenz geleeartig ist.

In zwei mittelgroße Einmachgläser oder ein großes Einmachglas füllen. Eine Schicht Nussmus und zum Schluss die Früchte, einige Minzeblätter und ein paar Hanfsamen darübergeben. Ungeöffnet hält er sich im Kühlschrank mehrere Tage (ohne die Toppings).

GRÜN UND GESUND

FÜR 2 PERSONEN
oder 1 große Portion

Tiefgekühltes Gemüse ist nicht gerade die ansehnlichste Zutat, weil viel von seiner Konsistenz verloren geht, wenn man es auftaut. Aber es eignet sich ganz hervorragend für Smoothies, denn es ist oft preiswerter, das ganze Jahr über verfügbar und sorgt zudem für eine cremigere Konsistenz als frisches Gemüse. Hier gleicht das süße Birnen- und Dattelaroma den herben Gemüsegeschmack wunderbar aus. Die Avocado sorgt für eine cremige Textur, während der Ingwer, die Limette und das Kokoswasser den Frischekick beisteuern. Ich gebe gern auch noch etwas Algen- oder Graspulver hinzu, weil diese zusätzliche Nährstoffe liefern und eine tolle dunkelgrüne Farbe haben. Aber Vorsicht, sie sind so intensiv, dass sie alle anderen Aromen überdecken können. Beginnen Sie mit ½ TL und fügen Sie dann nach Belieben noch mehr hinzu.

LUISE

1 mittelgroße reife Birne, Kerngehäuse entfernt (etwa 130–150 g)
½ reife Avocado, geschält und entkernt
50 g tiefgekühlte Brokkoliröschen (möglichst Bio-Ware)
50 g tiefgekühlter Spinat (möglichst Bio-Ware)
2–4 Datteln, entsteint
½–1 TL geriebener frischer Ingwer (oder ¼–½ TL gemahlener Ingwer)
½–1 TL Spirulina-Pulver (oder Chlorella, Weizengras, Gerstengras)
250 ml Kokoswasser (oder eine ungesüßte Milch nach Wahl)
Saft von ½ Limette

FÜR DAS TOPPING
Pistazienkerne, fein gehackt
gerösteter roher Buchweizen*
Kokosraspel
Hanfsamen oder Blütenpollen
grünfleischige Kiwi, fein gehackt
Passionsfrucht oder gelbfleischige Kiwi (Gold), zu Mus zerdrückt
essbare Blüten, nach Belieben

* *Die rohen (grünlichen) Buchweizenkörner in einer trockenen Pfanne (Topf) auf mittlerer Stufe in etwa 5 Minuten goldbraun rösten. Für den süßen Zahn einige Tropfen klaren Ahornsirup mit in die Pfanne geben. Man kann auch gekeimte, luftgetrocknete knusprige Buchweizenkörner aus dem Bioladen verwenden.*

Die Birne grob zerkleinern und mit der Avocado und den übrigen Zutaten in den Mixer geben. Auf hoher Stufe so fein wie möglich pürieren.

Abschmecken und zum Nachwürzen gegebenenfalls weitere Datteln oder Ingwer zugeben; nach Belieben auch noch etwas Spriulina. In zwei kleine Schalen oder eine mittelgroße Schale gießen. Zum Schluss die Pistazien, die Buchweizenkörner, die Kokosraspel und die Samen darüberstreuen, die gehackte Kiwi, das Fruchtmus und die essbaren Blüten zugeben und dann servieren.

HEIDELBEER-NUSS-SMOOTHIE

FÜR 2 PERSONEN
oder 1 große Portion

Smoothies auf Nussbasis mit ihrem üppigen, cremig-süßen und wohltuenden Aroma gehörten schon immer zu unseren absoluten Favoriten. Damit der nussige Geschmack in diesem Smoothie nicht zu stark in den Vordergrund rückt, geben wir zuerst einige frische Heidelbeeren in das Glas oder die Glasflasche. Diese sorgen für ein ausgewogenes Aroma und für eine hübsche blaue Maserung des Smoothies. Zum Schluss streuen wir noch gern einige grob gehackte und geröstete Nüsse darüber.

2 reife Bananen, geschält (tiefgekühlte Bananen ergeben eine dickflüssigere Konsistenz)
½ reife Avocado, geschält und entkernt
3 EL Haselnussmus (oder ein anderes Nussmus nach Wahl, Seite 26)
1 EL Kakaopulver
375 ml kalte Mandelmilch
1 Prise Meersalz

ZUM SERVIEREN
frische Heidelbeeren (oder tiefgekühlte, aufgetaut)
geröstete, gesalzene Mandeln oder Haselnusskerne, grob gehackt*

Die Bananen grob zerkleinern und zusammen mit der Avocado sowie den übrigen Zutaten in den Mixer geben.

Auf hoher Stufe so fein wie möglich pürieren.

Die Heidelbeeren auf zwei mittelgroße Gläser verteilen oder in eine große Glasflasche füllen. Leicht mit der Rückseite eines Löffels nach unten drücken, damit sie etwas von ihrem Saft abgeben.

Den Nuss-Smoothie auf die Heidelbeeren geben, die gerösteten Nüsse darüberstreuen und servieren.

* *Die grob gehackten Nüsse mit einer Prise Salz in einer trockenen Pfanne (Topf) auf mittlerer Stufe in etwa 5 Minuten goldbraun rösten. Wer es gern süßer mag, kann etwas kaltgepresstes Kokosöl und einige Tropfen klaren Ahornsirup mit in die Pfanne geben (je ½ TL Kokosöl und Ahornsirup auf je 2 EL Nüsse).*

GOJI-SMOOTHIE MIT MANGO UND KURKUMA

FÜR 2 PERSONEN

NUSSFREI

In Stockholm gibt es nicht weit von unserer Wohnung entfernt einen Laden, in dem wir einen Goji-Beeren-Smoothie entdeckten, der so gut schmeckte, dass wir unsere eigene Variante kreieren mussten. Goji-Beeren sind seit Tausenden von Jahren ein fester Bestandteil der chinesischen Medizin und hervorragende Lieferanten von Antioxidantien. In Kombination mit dem Orangen- und Karottensaft erhält man einen Smoothie, der voller Vitamin C und Betacarotin zur Stärkung des Immunsystems steckt.

Mit seinen vielen fruchtigen Noten schmeckt dieser Smoothie ziemlich süßlich – eine außergewöhnliche Kombination! Zur Abschwächung der Fruchtsüße würzen wir ihn noch ordentlich mit einem großen Stück Ingwer, einem Hauch Kurkuma und einer Prise schwarzem Pfeffer. Diese Zutaten haben zudem entzündungshemmende Eigenschaften.

1 Orange, geschält und grob zerkleinert
1 reife Mango, geschält und entkernt (oder tiefgekühlte aufgetaut; etwa 150 g Fruchtfleisch)
40 g getrocknete Goji-Beeren (möglichst Bio-Ware)
½–1 TL geriebener frischer Ingwer (oder ¼–½ TL gemahlener Ingwer)
1 TL frische geriebene Kurkuma (oder ½ TL gemahlene Kurkuma)
250 ml frisch gepresster Karottensaft (4–5 Karotten; oder Reismilch)
1 Prise schwarzer Pfeffer
2 EL schwarze Chiasamen

Bis auf die Chiasamen alle Zutaten in einen Mixer geben. Auf hoher Stufe so fein wie möglich pürieren. Abschmecken und gegebenenfalls noch etwas Ingwer zugeben.

Den Saft in zwei mittelgroße Gläser füllen, die Chiasamen unterrühren und gekühlt servieren.

SCHOKO-VELVET

FÜR 2 PERSONEN

Als wir dieses Smoothierezept entwickelten, hatten wir eine flüssige Version unseres Schokoladenkuchens mit Roten Beten vor Augen: Das üppige Schokoladenaroma und die herzhafte Note der Roten Bete scheinen wie füreinander geschaffen. Bei diesem Smoothie verwenden wir Avocado für eine glatte, cremige Konsistenz, Datteln für den süßen Geschmack und Brombeeren für den Frischekick.

1 kleine Rote Bete, geschält (etwa 80 g)
½ reife Avocado, geschält und entkernt
75 g tiefgekühlte Brombeeren
5–8 Datteln, entsteint
2 EL Kakaopulver
350 ml gentechnikfreie Bio-Sojamilch (oder ungesüßte Mandelmilch)

FÜR DAS TOPPING
Kakaopulver

Je nach Leistungsstärke des Mixers die Rote Bete grob zerkleinern oder hobeln, zusammen mit den übrigen Zutaten in den Mixer geben.

Auf hoher Stufe so fein wie möglich pürieren. Dann abschmecken und gegebenenfalls zum Nachsüßen noch Datteln zugeben.

In zwei mittelgroße Gläser füllen, mit Kakaopulver bestäuben und servieren.

ATLAS
E-Z

ORANGEN-SESAM-SMOOTHIE MIT HIMBEEREN

FÜR 2 PERSONEN

NUSSFREI

Hier mixen wir Sesamcreme mit saftigen Orangen und einem Löffel voll würzigen Zimt für einen ganz besonderen Smoothie mit leicht marokkanischer Note. Das Ganze gießen wir dann über frische, etwas zerdrückte Himbeeren. Dadurch wird der Smoothie nicht nur optisch ansprechender – die Beeren bewirken auch eine geschmackliche Veränderung, je näher man dem Boden des Glases kommt.

2 Orangen, geschält
500 ml Sesamcreme (siehe Tipp auf Seite 110)
2–4 Datteln, entsteint
1 TL gemahlener Zimt
1 Prise Meersalz

ZUM SERVIEREN
frische Himbeeren (oder tiefgekühlte, aufgetaut)
gemahlener Zimt

Die Orangen grob zerkleinern. Zusammen mit der Sesamcreme und den übrigen Zutaten in den Mixer geben.

Auf hoher Stufe so fein wie möglich pürieren. Abschmecken und gegebenenfalls zum Nachsüßen noch Datteln hinzugeben.

Die Himbeeren gleichmäßig auf zwei Einmachgläser verteilen. Leicht mit dem Löffelrücken zerdrücken, damit sie etwas Saft abgeben.

Den Sesam-Smoothie auf die leicht zerdrückten Himbeeren geben, etwas Zimt darüberstreuen – servieren.

ACAI-BEEREN-SCHMAUS – BUNT UND EXTRAÜPPIG!

FÜR 2 PERSONEN
oder 1 große Portion

Acai-Beeren – die Früchte einer südamerikanischen Palmenart aus dem Amazonasgebiet – sind wahre Superbeeren, die sofort nach dem Pflücken eingefroren oder gefriergetrocknet werden, um ihre volle Wirksamkeit zu erhalten. Wir regen zwar immer dazu an, regional angebaute Zutaten zu verwenden, aber in diesem Buch durfte ein Acai-Rezept einfach nicht fehlen. Wenn Sie diesen Smoothie probieren, werden Sie verstehen, warum: Die erdigen Aromen in Kombination mit Erdbeeren, süßer Banane und Honig sind schlicht umwerfend. Schöpfen Sie bei den Toppings ruhig aus dem Vollen. Wir geben zum Süßen jede Menge frisches Obst dazu: Granola für den Biss, Nussmus für die cremige Beschaffenheit und essbare Blüten, damit wir uns wie in Brasilien fühlen, wenn wir diese köstliche Speise genießen!

Acai-Fruchtpüree* (1 Packung à 100 g oder 2 EL gefriergetrocknetes Acai-Pulver plus 100 g tiefgekühlte Heidelbeeren)
150 g tiefgekühlte Erdbeeren (möglichst Bio-Ware)
1 tiefgekühlte Banane (Seite 22)
2 EL hochwertiger naturbelassener Honig
125 ml Hafer- oder Mandelmilch

** Tiefgekühltes Acai-Fruchtpüree wird gewöhnlich in großen Packungen verkauft. Die Stücke sind für den Mixer schwer zu zerkleinern. In diesem Fall kann man das gefrorene Fruchtpüree einfach mit dem Messerrücken zerstoßen und dann in den Mixer geben.*

FÜR DAS TOPPING
frisches Obst (eine Mischung aus rotem Apfel und grünfleischiger Kiwi, in feine Scheiben geschnitten, klein geschnittenen Feigen, Beeren und Passionsfruchtmus)
Kokos-Buchweizen-Granola (Seite 29)
Kokosraspel
2 EL Nussmus (Seite 26)
essbare Blüten, nach Belieben

Alle Zutaten für den Acai-Beeren-Schmaus in einen Mixer geben und auf hoher Stufe zu einem feinen Smoothie pürieren. In zwei kleine Schalen oder eine mittelgroße Schale gießen, frisches Obst darauf verteilen, zum Schluss etwas Granola, Kokosraspel und Nussmus daraufgeben, mit einigen essbaren Blüten dekorieren und servieren.

HINWEIS: Auf dem Foto rechts ist die doppelte Rezeptmenge abgebildet.

GRÜNER GAZPACHO-SMOOTHIE

FÜR 2 PERSONEN
oder 4 kleine Portionen

NUSSFREI

Einen Gazpacho als Smoothie zu bezeichnen, mag weit hergeholt erscheinen. Aber wenn man darüber nachdenkt, wird dieser Gazpacho nicht anders zubereitet als unsere Smoothies, wenn auch mit etwas weniger Flüssigkeit und ausschließlich herzhaften Zutaten. Zusammen ergibt das ein wirklich angenehm leichtes und doch sättigendes Mittagessen für einen heißen Tag. In Einmachgläser gefüllt eignet es sich perfekt für ein Picknick.

1 gelbe oder grüne Paprikaschote, Samen und Scheidewände entfernt (möglichst Bio-Ware)
2 Stangen Sellerie (mit Blättern; möglichst Bio-Ware)
1 Stück Gurke (10 cm; möglichst Bio-Ware)
1 Handvoll frische Petersilie, mit Stielen
4 frische Schnittlauchstiele
½ Knoblauchzehe
1 reife Avocado, geschält und entkernt
1 EL natives Olivenöl extra
1 EL naturtrüber Bio-Apfelessig
1 Prise Meersalz
1 Prise schwarzer Pfeffer

ZUM SERVIEREN
Naturjoghurt (nach Belieben)
kalt gepresstes, natives Olivenöl extra
frische Petersilie, gehackt
Cayennepfeffer

Die Paprikaschote, den Sellerie, die Gurke, den Schnittlauch und den Knoblauch grob zerkleinern und zusammen mit dem Fleisch der Avocado und den übrigen Zutaten in den Mixer geben. Auf hoher Stufe sehr fein pürieren, sodass die Konsistenz der einer Suppe ähnelt. Abschmecken und gegebenenfalls noch etwas Öl, Essig, Salz oder Pfeffer zugeben.

In zwei mittelgroße Einmachgläser oder vier kleine geben. Kurz etwas Joghurt (falls verwendet) und Öl einrühren, Petersilie und 1 Prise Cayennepfeffer zugeben. Kalt servieren.

LANGSCHLÄFER-FRÜHSTÜCK

FÜR 2 PERSONEN
oder 1 große Portion

NUSSFREI

Dies ist das ultimative Frühstück für Langschläfer. Die können nämlich ruhig etwas länger im Bett bleiben – ihr Smoothie steht ja bereits fertig in einem Einmachglas im Kühlschrank. Nun müssen Sie ihn nur noch in die Tasche packen, und los geht's: Das schnellste Frühstück der Welt! Haferflocken und Chiasamen spenden Energie; für den besonders leckeren Geschmack sorgt die Kombination aus Brombeeren, Honig und Vanille.

150 g frische reife Brombeeren (oder tiefgekühlte, aufgetaut)
250 g Naturjoghurt (für eine vegane Alternative Kokos-Joghurt oder gentechnikfreien Bio-Sojajoghurt verwenden)
1–2 EL hochwertiger naturbelassener Honig
½ TL gemahlene Vanille (oder Vanilleextrakt)
45 g Haferflocken (glutenfrei bei Unverträglichkeit)
2 EL schwarze Chiasamen

ZUM SERVIEREN
Scheiben einer festen, aber reifen Banane

Brombeeren, Joghurt und Honig sowie die Vanille in einen Mixer geben und auf hoher Stufe zu einem feinen Smoothie pürieren. Abschmecken und gegebenenfalls zum Nachsüßen noch etwas Honig zugeben.

In eine Schüssel gießen, die Haferflocken sowie die Chiasamen unterrühren. Die Bananenscheiben auf der Innenseite von zwei mittelgroßen Einmachgläsern oder einem großen Einmachglas anordnen.

Den Smoothie dazugießen und für 20–30 Minuten in den Kühlschrank stellen (damit die Haferflocken und die Chiasamen weich werden können). Alternativ: Über Nacht in den Kühlschrank stellen und am nächsten Morgen mit zur Arbeit nehmen. Ungeöffnet hält er sich im Kühlschrank mehrere Tage.

Ball

UPSIDE-DOWN-FRÜHSTÜCK

FÜR 4 PERSONEN
oder 2 große Portionen

»Upside-Down-Frühstück« heißt bei uns, dass wir zunächst die Toppings (Müsli, Granola, Haferflocken, gepuffte Körner oder Nüsse) in ein Glas geben und erst dann einige Löffel Joghurt, gefolgt von einem Smoothie. Das Ganze ergibt einen köstlicher Start in den Tag und sieht auch noch sensationell gut aus.

Wir verwenden hier Müsli und griechischen Joghurt für die beiden unteren Schichten und geben einen einfachen schmackhaften Beeren-Spinat-Smoothie darüber. Sie können diese Technik aber auch mit einem der anderen Smoothies aus dem Kapitel »Einfache Smoothies« ausprobieren.

FÜR DEN BEEREN-SPINAT-SMOOTHIE
1 reife Banane, ohne Schale
1 Handvoll frischer junger Spinat, gewaschen
75 g tiefgekühlte oder frische Erdbeeren (möglichst Bio-Ware)
75 g tiefgekühlte Heidelbeeren
½ TL gemahlener Kardamom
250 ml Hafermilch (oder ungesüßte Mandelmilch)

FÜR DIE UNTEREN SCHICHTEN
150 g Müsli (Seite 31)
250 g griechischer Joghurt (für eine vegane Alternative Kokos-Joghurt oder gentechnikfreien Bio-Sojajoghurt verwenden)

Die Banane grob zerkleinern und mit den übrigen Zutaten für den Beeren-Spinat-Smoothie in den Mixer geben. Auf hoher Stufe so fein wie möglich pürieren.

Das Müsli auf vier mittelgroße Gläser oder zwei große verteilen. Dann auf das Müsli den Joghurt geben, den Beeren-Smoothie auf den Joghurt gießen, mit beliebigen zerkleinerten Früchten toppen und servieren.

CREMIGER PFIRSICH MELBA

FÜR 2 PERSONEN

Diese ansprechende Kombination aus Pfirsichen und Himbeeren ist unsere flüssige Version des klassischen Pfirsich-Melba-Desserts. Sie ist zwar nicht so süß wie das Original, schmeckt aber sehr fruchtig und wird dank des Tahinis auch schön cremig. Obwohl dieser Smoothie aus zwei Schichten besteht, benötigt man nur die Zutatenmenge für einen Smoothie. Man bereitet einfach zuerst die Pfirsichschicht zu und verteilt die Hälfte davon auf zwei Einmachgläser. Der Rest wird dann mit den Himbeeren für die pinkfarbene Schicht püriert.

FÜR DIE PFIRSICHSCHICHT
3 mittelgroße reife Pfirsiche (etwa 300 g), entsteint (oder 1 Dose à 400 g feine Pfirsichscheiben in klarem Fruchtsaft, abgetropft); möglichst Bio-Ware
½ tiefgekühlte Banane (Seite 22)
2 EL weißes Tahini
125 ml Hafer- oder Mandelmilch
1 EL Zitronensaft
½ TL gemahlene Vanille (oder Vanilleextrakt)
2 Eiswürfel

FÜR DIE HIMBEERSCHICHT
120 g tiefgekühlte Himbeeren

FÜR DAS TOPPING
feine Scheiben eines festen, aber reifen Pfirsichs
Kokosraspel
Hanfsamen, Chiasamen oder Blütenpollen

Die Pfirsiche grob zerkleinern und mit den übrigen Zutaten für die Pfirsichschicht in den Mixer geben.

Auf hoher Stufe so fein wie möglich pürieren.

Die Hälfte der Pfirsichschicht auf zwei mittelgroße Einmachgläser (wie auf dem Foto rechts gezeigt) verteilen, die andere Hälfte im

Mixer belassen. Die Himbeeren in den Mixer geben und pürieren, bis die Mischung rosafarben wird.

Dann die Himbeerschicht vorsichtig in das Glas gießen. Für den Marmoreffekt einfach mit dem Rücken eines Teelöffels an der Innenseite des Glases auf- und abfahren. Mit einigen Pfirsichscheiben, Kokosraspeln und Hanfsamen abschließen.

WÜRZIGER KÜRBIS-SMOOTHIE

FÜR 2 PERSONEN
oder 4 kleine Portionen

Die beste Zeit für Smoothies ist der Sommer, aber auch im Herbst und Winter findet man dafür herrlich leckeres Obst und Gemüse, wie alle Kürbisarten zum Beispiel. Gebackener und pürierter Kürbis verleiht Smoothies eine perfekte Konsistenz und Süße. Er eignet sich auch gut als Alternative zu Bananen. Hier haben wir alle Gewürze eines klassischen Kürbiskuchens zugegeben. Auf diese Weise entstand ein reichhaltiges Getränk, das mit etwas zusätzlichem Kürbismus auf dem Boden des Glases besonders ansprechend aussieht. Das restliche Kürbismus kann beispielsweise für eine Suppe verwendet oder in einen Risotto gerührt werden. Für diesen Smoothie können Sie auch Kürbismus aus dem Glas oder der Dose verwenden.

FÜR DAS KÜRBISMUS
1 kleiner Hokkaidokürbis oder Butternusskürbis (oder 1 Dose à 400 g Kürbismus)

FÜR DEN WÜRZIGEN KÜRBIS-SMOOTHIE
4 EL Kürbismus
2–4 Datteln, entsteint
¼ TL gemahlener Zimt
¼ TL gemahlener Ingwer
1 Prise frisch geriebene Muskatnuss
1 Prise gemahlene Nelken
250 ml Walnuss-Mandel-Sesammilch (siehe Grundrezepte für Nussmilch, Seite 106, oder eine Milch nach Wahl)
1 Prise Meersalz

ZUM SERVIEREN
Kürbismus

Für das Kürbismus den Backofen auf 200 °C (Umluft 180 °C) vorheizen und ein Backblech mit Backpapier auslegen. Den Kürbis vierteln, die Samen und das faserartige Gewebe entfernen, die Viertel mit der Schnittfläche nach unten auf das Backblech legen. Etwa 25–45 Minu-

Fortsetzung nächste Seite

ten backen (je nach Kürbisgröße), bis die Haut goldgelb und blasig und das Fruchtfleisch weich ist. Zum Abkühlen beiseitestellen.

Das abgekühlte Kürbisfleisch in einen Mixer geben und auf hoher Stufe zu einem feinen Mus verarbeiten. In einer Frischhaltebox bis zu 5 Tage im Kühlschrank aufbewahren oder einfrieren.

Für den Smoothie 4 EL Kürbismus (frisch oder aus der Dose) mit allen Zutaten für den Kürbis-Smoothie in einen Mixer geben und auf hoher Stufe sehr fein pürieren. Dann abschmecken und gegebenenfalls zum Nachsüßen noch Datteln hinzugeben.

Einen großzügigen Klacks Mus in zwei mittelgroße Gläser oder vier kleine geben. Den Kürbis-Smoothie dazugießen und servieren.

BOHNEN, ROTE BETE UND HEIDELBEEREN

FÜR 4 PERSONEN

Heidelbeeren sind nicht nur äußerst lecker, sondern auch kalorienarm und gesund. Zwischen August und September können wir diese kleinen blauen Prachtstücke nur wenige Schritte von der Straße entfernt auf dem Weg zum Sommerhaus unserer Familie pflücken. In diesem Rezept ergibt die Kombination aus Roten Beten, Heidelbeeren und Zimt einen herrlich würzigen Geschmack. Und dazu kommen dann noch weiße Bohnen! Das klingt vielleicht ein bisschen seltsam, aber die Bohnen wirken sich in keiner Weise auf den Geschmack aus; sie machen den Smoothie nur dickflüssiger und steuern weiteres Protein zu. Zuletzt wird zusätzlich nahrhafter Joghurt auf den Smoothie gegeben und mit einer Gabel leicht verrührt, damit optisch ansprechende Wirbel entstehen.

½ rohe Rote Bete, geschält (etwa 50 g)
1 reife Banane, ohne Schale
150 g tiefgekühlte Heidelbeeren (plus einige extra zum Anrichten)
90 g gekochte weiße Bohnen (abgespült, falls aus der Dose)
Saft und Schale von ½ Bio-Zitrone
½ TL gemahlener Zimt
200 ml Kokoswasser (oder Mineralwasser)

ZUM SERVIEREN
500 ml Kokos-Joghurt oder griechischer Joghurt

Je nach Leistungsstärke des Mixers die Rote Bete grob zerkleinern oder hobeln, die Banane zerkleinern und beides zusammen mit den übrigen Zutaten in den Mixer geben. Auf hoher Stufe so fein wie möglich pürieren. Vier mittelgroße Gläser bis etwa zur Hälfte mit dem Smoothie füllen und dann vorsichtig den Joghurt hinzugeben. Für den Marmoreffekt mit einem Löffel am Innenrand des Glases entlangfahren und zum Schluss noch einige weitere Heidelbeeren als Topping daraufgeben (essbare Blüten sorgen für einen zusätzlichen Wow-Effekt).

TIPP: *Wir verwenden in diesem Rezept tiefgekühlte Heidelbeeren, aber wenn Sie gerade frische Beeren zur Hand haben, sind diese unbedingt die erste Wahl. Ersetzen Sie dann die frische Banane durch eine tiefgekühlte, oder geben Sie einfach noch einige Eiswürfel hinzu, damit der Smoothie kalt bleibt.*

Abbildung auf Seite 97

CHIA-PARFAIT MIT KIWI UND GRÜNKOHL

FÜR 2 PERSONEN

Es wird zwar weder auf dem Cover dieses Buches noch im Titel unseres Blogs explizit gesagt, aber uns ging es von Anfang an stets auch darum, Gemüse attraktiver zu machen. Wir wollen mehr Menschen dazu bewegen, Gemüse zu essen, indem wir zeigen, wie toll es aussehen und wie herrlich es schmecken kann.

Dieser Smoothie ist ein perfektes Beispiel dafür. Obwohl wir darin eine Menge Grünkohl und Avocado verwenden, schmeckt das Ganze sehr süß und fruchtig – und ist mit seinen unterschiedlichen Schichten auch noch so attraktiv anzusehen, dass Sie ihn als Dessert für ein erlesenes Abendessen genauso einsetzen können wie als Frühstück an einem trüben Dienstagmorgen.

FÜR DEN CHIA-PUDDING

250 ml Kokos-Chia-Pudding (aus weißen Chiasamen und Kokos-Trinkmilch oder Kokosmilch aus der Dose; Seite 28)

FÜR DEN KIWI-SMOOTHIE

¼ reife Avocado, geschält und entkernt
1 reife grünfleischige Kiwi
1 tiefgekühlte Banane (Seite 22)
1 Handvoll Grünkohl oder Spinat, Stiele entfernt (möglichst Bio-Ware)
125 ml Kokoswasser (oder Kokosmilch)
Saft von ½ Limette

ZUM SERVIEREN

reife grünfleischige Kiwi, in feine Scheiben geschnitten und zerkleinert
Nussmus (Seite 26)
frische Heidelbeeren
Kokos-Buchweizen-Granola (Seite 29) oder Granola nach Wahl
Kokosraspel
frische Zitronenmelisseblätter, nach Belieben

Das Avocado- und Kiwifruchtfleisch mit den übrigen Zutaten für den Kiwi-Smoothie in den Mixer geben. Auf hoher Stufe so fein wie möglich pürieren.

Fortsetzung nächste Seite

Die Hälfte des Chia-Puddings in zwei mittelgroße Gläser füllen. Besonders hübsch sieht es aus, wenn die Schichten ungleichmäßig verteilt sind.

Einige Kiwischeiben auf der Innenseite der Gläser anordnen. Die Hälfte des Kiwi-Smoothies auf die Gläser verteilen, dann den Rest des Chia-Puddings und etwas Nussmus daraufgeben. Mit dem Rest des Kiwi-Smoothies auffüllen und mit einem weiteren Klacks Nussmus, etwas zerkleinerter Kiwi, einigen Heidelbeeren sowie etwas Granola, Kokosraspeln und Zitronenmelisse abschließen.

BIRCHER-KEFIR MIT ORIENTALISCHEM ZITRUSSALAT

FÜR 2 PERSONEN

Wenn Birchermüsli und Overnight-Oats (über Nacht eingeweichte Haferflocken) für Sie nichts Neues sind, dann wissen Sie, von welch cremigem, wohltuendem Frühstück die Rede ist. Sie wissen dann aber auch, dass dessen blasses und irgendwie trauriges Aussehen Skeptiker oft abschreckt. Dies hier ist die ultimative Lösung. Die Grundlage für unseren wohltuenden Bircher-Kefir ist ein Kefir-Smoothie, der die für den Darm so wichtigen gesunden lebenden Bakterien beisteuert. Auf den Kefir kommt ein leuchtend bunter, saftiger Salat aus Zitrusfrüchten mit goldenen Rosinen, gehackten Pistazien und Blütenpollen. Ein absoluter Hingucker, der auch noch köstlich schmeckt!

FÜR DEN BIRCHER-KEFIR

375 ml Kefir (mit Starterkulturen versetzte Milch mit lebenden aktiven Bakterien)
1 reife Banane, ohne Schale
1 TL geriebener frischer Ingwer (oder ½ TL gemahlener Ingwer)
1 TL Blütenpollen
1–2 EL hochwertiger naturbelassener Honig
90 g Haferflocken (glutenfrei bei Unverträglichkeit)
1 EL Goldleinsamen

FÜR DEN ZITRUSSALAT

1 Pink-Grapefruit oder 1 gewöhnliche Grapefruit
1 gewöhnliche Orange oder 1 Blutorange
1 Clementine oder Mandarine

ZUM SERVIEREN

goldene oder braune Rosinen (möglichst Bio-Ware)
Pistazienkerne, fein gehackt
Blütenpollen
frische Minzeblätter, in feine Streifen geschnitten
hochwertiger naturbelassener Honig
Kefir

Fortsetzung nächste Seite

Den Kefir, die Banane, den Ingwer und die Blütenpollen in einen Mixer geben und auf hoher Stufe zu einem feinen Smoothie pürieren. Dann abschmecken und gegebenenfalls zum Nachsüßen noch etwas Honig hinzugeben. In eine Schüssel gießen, die Haferflocken und die Leinsamen einrühren und mindestens 1 Stunde oder über Nacht im Kühlschrank quellen lassen.

Kurz vor dem Servieren mit einem scharfen Messer die Schale und die weiße Haut der Zitrusfrüchte entfernen und das Fruchtfleisch in Spalten auslösen.

Den Bircher-Kefir in zwei mittelgroße Schalen verteilen, die Zitrusfruchtspalten daraufgeben und mit einigen Rosinen, Pistazien, Blütenpollen, Minzeblättern, ein paar Tropfen Honig und einem Klacks Kefir abschließen.

NUSSMILCH-VARIATIONEN

»Brumm, brumm«, macht unser kleiner Sohn jedes Mal, wenn er sieht, wie wir den Mixer mit Zutaten befüllen. Es gibt eine Million Dinge auf dieser Erde, die er noch nicht begreift, aber der Mixer gehört definitiv nicht dazu. Erst vor Kurzem hat er laufen gelernt, kann sich aber schon einen Stuhl an die Arbeitsplatte heranziehen und hochklettern, sodass er an den Schalter kommt, um den Mixer einzuschalten. Und dann schauen seine großen blauen Augen begeistert zu, wie der Mixer Obst und Gemüse in Smoothies oder Nusskerne und Samen in Nussmilch verwandelt. Dieser Prozess hat offenbar etwas Magisches an sich: Isac fühlt sich wohl wie ein kleiner Zauberer, wenn er (unter unserer Aufsicht!) auf seinem Stuhl balanciert, den Schalter betätigt und aus den festen Bestandteilen eine sämige Flüssigkeit fabriziert.

Unabhängig davon, ob Sie sich vegan ernähren, eine Unverträglichkeit oder Allergie gegenüber Milchprodukten haben oder auch einfach nur eine Alternative zu Kuhmilch suchen – in diesem Kapitel finden Sie eine vielfältige Auswahl natürlicher und leckerer pflanzlicher Milchsorten. Falls Sie sich wegen Kalziummangel Sorgen machen: Die besten natürlichen Kalziumlieferanten der Natur sind dunkelgrünes Blattgemüse, Sesamsamen, Mandeln und Feigen. All dies steht reichlich auf Ihrem Speiseplan, wenn Sie sich an die hier vorgestellten Rezepte halten.

BASISREZEPT FÜR NUSSMILCH

ERGIBT 1 LITER

Dies ist unser Standardrezept für Pflanzenmilch aus Kernen oder Samen. Wir beginnen immer mit diesen Mengenverhältnissen, und je nachdem, welche Nüsse oder Kerne zum Einsatz kommen, geben wir mal ein Süßungsmittel hinzu, mal Gewürze. Soll die Milch dünnflüssiger, leichter und preisgünstiger werden, kann einfach eine zusätzliche Tasse Wasser zugegeben werden.

150 g naturbelassene Nusskerne nach Wahl oder eine Mischung aus Nusskernen und Samen (plus Wasser zum Einweichen*)
2–4 Datteln, entsteint (nach Belieben)
¼ TL gemahlene Vanille (oder 1 TL Vanilleextrakt)
1 Liter Wasser
¼ TL Meersalz

Die Nusskerne in einer Schüssel mit Wasser bedecken und 8–12 Stunden oder über Nacht einweichen.

Das Einweichwasser abgießen und wegschütten. Dann die Kerne unter fließendem Wasser abspülen und mit den übrigen Zutaten in den Mixer geben.

Auf hoher Stufe alles so fein wie möglich pürieren. Abschmecken und nach Belieben mit Datteln nachsüßen.

Die Nussmilch durch einen Nussmilchbeutel, ein Seihtuch oder auch ein feinmaschiges Sieb** abseihen und in einer großen Glaskaraffe mit Deckel im Kühlschrank aufbewahren. Gut verschlossen hält sie sich im Kühlschrank mehrere Tage.

* *Alle Sorten von Getreide, Nüssen und Samen enthalten in unterschiedlichen Mengen Phytinsäure, die die Mineralstoffaufnahme des Körpers beeinträchtigen kann. Geringe Mengen an Phytinsäure sind nicht ungesund, aber eine Reduzierung der Gesamtaufnahme ist wichtig, weil dies dazu beiträgt, die Mineralstoffe aus der Nahrung besser aufzunehmen. Deshalb weichen wir die Nüsse ein.*

** *Die Nussreste können aufbewahrt und in unseren leckeren Nusscrackern (Seite 116–117) verwertet werden.*

TIPP: *Ein Nussmilchbeutel ist ein kleiner Stoffbeutel zum Filtern der Nussmilch, sodass diese keine festen Bestandteile mehr enthält und schön glatt wird. Erhältlich sind Nussmilchbeutel in gut sortierten Haushaltswarenabteilungen oder über das Internet. Man kann aber auch ein dünnes Seihtuch oder ein feinmaschiges Sieb verwenden.*

ERDBEER-CASHEW-MILCH

ERGIBT 1 LITER

Dieser appetitlich sahnige Erdbeer-»Milchshake« wird aus eingeweichten Cashewkernen gemacht. Die Zugabe von Datteln sorgt für eine natürliche Süße, das Aroma selbst stammt jedoch allein von den Erdbeeren. Je nach Reifegrad und Süße der Erdbeeren können Sie eine oder zwei Datteln weniger oder mehr nehmen. Abgefüllt in kleine Flaschen ist diese Milch ein Hit auf jedem Kindergeburtstag. Und sie schmeckt ganz toll zum Müsli.

150 g naturbelassene Cashewkerne (plus Wasser zum Einweichen)
750 ml Wasser
225 g frische, reife Erdbeeren, entstielt (oder tiefgekühlte Erdbeeren, aufgetaut; möglichst Bio-Ware)
4–6 Datteln, entsteint
¼ TL gemahlener Kardamom
1–2 Prisen Meersalz
2–3 Eiswürfel

Die Cashewkerne in einer Schüssel mit Wasser bedecken und 3–12 Stunden oder über Nacht einweichen.

Das Einweichwasser abgießen und wegschütten. Dann die Kerne unter fließendem Wasser abspülen und zusammen mit dem Wasser im Mixer auf hoher Stufe so fein wie möglich pürieren. Für eine sämige, aber leicht samtige Konsistenz lässt man die Milch so wie sie ist. Soll die Konsistenz glatter und seidiger werden, seihen Sie die Cashewmilch durch einen Nussmilchbeutel (siehe Tipp auf Seite 106), ein Seihtuch oder ein feinmaschiges Sieb ab. Den Mixer ausspülen und die Cashewmilch zurück in den Mixer geben.

Dann die übrigen Zutaten dazugeben und alles auf hoher Stufe so fein wie möglich pürieren. Abschmecken und gegebenenfalls zum Nachsüßen noch Datteln hinzufügen.

TIPP: *Soll die Milch dünnflüssiger, leichter und preisgünstiger werden, kann noch eine Tasse Wasser zugegeben werden.*

In einer großen Glaskaraffe mit Deckel im Kühlschrank aufbewahren. Gut verschlossen hält sich die Milch im Kühlschrank mehrere Tage.

Kurz vor dem Verzehr in mittelgroße Glasflaschen füllen und mit Trinkhalmen servieren.

SESAMMILCH

ERGIBT 1 LITER

NUSSFREI

Sesamsamen sind eine besonders gute Kalziumquelle. Für einen schnellen Kalziumkick geben wir deshalb häufig einige Esslöffel Tahini in die Smoothies. Werden Sesamsamen eingeweicht und zu einer Milch oder einer Creme püriert, kann der Körper sie sogar noch besser verwerten. Ein weiterer Vorteil dieser Milch ist, dass sie nussfrei ist. Der Geschmack von Milch aus Sesamsamen ist etwas gewöhnungsbedürftig – selbst geschälte Sesamsamen haben noch einen bitteren Beigeschmack. Um dies auszugleichen, geben wir meist 2 oder 3 Datteln dazu, aber es können ruhig auch ein paar mehr sein. Alternativ ist der Orangen-Sesam-Smoothie mit Himbeeren (Seite 81) ein guter Einstieg, um sich langsam an den intensiveren Geschmack dieser Sesammilch heranzuwagen.

150 g naturbelassene geschälte Sesamsamen* (plus Wasser zum Einweichen)
2–4 Datteln, entsteint
¼ TL gemahlene Vanille (oder 1 TL Vanilleextrakt)
1 Liter Wasser
¼ TL Meersalz

* *Ersetzt man die Hälfte der geschälten Sesamsamen durch ungeschälte, wird die Milch noch nahrhafter.*

TIPP: *Für die bei der Zubereitung des Orangen-Sesam-Smoothie mit Himbeeren (Seite 80) verwendete Sesamcreme können Sie dieses Rezept verwenden, fügen dann aber nur 500 ml Wasser hinzu.*

Die Sesamsamen in einer Schüssel mit Wasser bedecken und 8 Stunden oder über Nacht einweichen.

Das Einweichwasser abgießen, wegschütten und die Sesamsamen unter fließendem Wasser abspülen. Dann mit den übrigen Zutaten in den Mixer geben und auf hoher Stufe so fein wie möglich pürieren. Abschmecken und gegebenenfalls zum Nachsüßen noch Datteln zugeben.

Die Sesammilch durch einen Nussmilchbeutel (siehe Tipp auf Seite 106), ein Seihtuch oder ein feinmaschiges Sieb abseihen und im Kühlschrank in einer großen Glaskaraffe mit Deckel aufbewahren. Gut verschlossen hält sich die Milch im Kühlschrank mehrere Tage.

KALTE MANDEL-CHAI-LATTE

ERGIBT 1 LITER

Kalter Chai ist aufgrund der warmen Aromen der Gewürze ein interessantes Geschmackserlebnis. In diesem Rezept lernen Sie unser Chai-Schnellverfahren kennen – statt all die Gewürze und Kräuter zusammenzusuchen und zu kochen, schneiden wir einfach hochwertige Chai-Teebeutel auf und mischen sie mit Mandelmilch. Warm schmeckt diese Chai-Milch ebenso gut – einfach in einem Topf erwärmen.

150 g naturbelassene Mandeln (plus Wasser zum Einweichen)
3 Beutel hochwertiger Chai-Tee*, aufgeschnitten (etwa 6 g)
2–4 Datteln, entsteint
1 Liter Wasser
¼ TL Meersalz

ZUM ANRICHTEN
Eiswürfel

* *Es lohnt sich, eine hochwertige Teemarke zu wählen, die in ihren Produkten echte Chai-Gewürze verwendet. Unsere Favoriten sind Pukka, Clipper oder Yogi, aber es gibt sicher noch viele andere gute Marken.*

Die Mandeln in einer Schüssel mit Wasser bedecken und 8–12 Stunden oder über Nacht einweichen.

Das Einweichwasser abgießen und wegschütten. Dann die Kerne unter fließendem Wasser abspülen und mit den übrigen Zutaten in den Mixer geben.

Auf hoher Stufe so fein wie möglich pürieren, dann abschmecken und gegebenenfalls zum Nachsüßen noch Datteln zugeben.

Die Chai-Milch durch einen Nussmilchbeutel (siehe Tipp auf Seite 106), ein Seihtuch oder auch ein feinmaschiges Sieb abseihen und im Kühlschrank in einer großen Glaskaraffe mit Deckel aufbewahren.

Gut verschlossen hält sich die Chai-Latte im Kühlschrank mehrere Tage. Kurz vor dem Verzehr in mittelgroße, mit Eiswürfeln gefüllte Gläser gießen.

KURKUMA-TONIC

ERGIBT 1 LITER

Kurkuma und Ingwer sind seit Jahrtausenden Bestandteil der ayurvedischen Heilkunst. In Indien ist warme Kurkumamilch, auch »Goldene Milch« genannt, bis heute ein gängiges Hausmittel. Aber sie bietet nicht nur gesundheitsfördernde Eigenschaften, sondern ist dank eines Hauchs von Honigsüße und des Kurkuma-Ingwer-Kicks ein so wohltuendes wie leckeres Getränk. Bei uns zu Hause gibt es diese Milch seit Jahren in verschiedenen Variationen, und sie schmeckt uns warm und kalt gleichermaßen. Aber Vorsicht, der Geschmack von Kurkuma ist etwas gewöhnungsbedürftig – wenn dieses Gewürz für Sie Neuland ist, nehmen Sie anfangs besser etwas weniger. Die Zugabe von schwarzem Pfeffer ist wichtig, denn das darin enthaltene Piperin erhöht die Bioverfügbarkeit von Curcumin, dem aktiven Wirkstoff von Kurkuma.

150 g gemischte naturbelassene Mandeln und Cashewkerne (plus Wasser zum Einweichen)
4 TL frische geriebene Kurkuma (oder 2 TL gemahlene Kurkuma)
2–4 TL geriebener frischer Ingwer (oder 1–2 TL gemahlener Ingwer)
1–2 EL hochwertiger naturbelassener Honig
2 TL Hagebuttenpulver (nach Belieben)
¼ TL gemahlene Vanille (oder 1 TL Vanilleextrakt)
1 Liter Wasser
¼ TL Meersalz
1 Prise schwarzer Pfeffer

Die Kerne in einer Schüssel mit Wasser bedecken und 8–12 Stunden oder über Nacht einweichen.

Das Einweichwasser abgießen und wegschütten. Dann die Kerne unter fließendem Wasser abspülen und mit den übrigen Zutaten in den Mixer geben.

Auf hoher Stufe alles so fein wie möglich pürieren, kosten und nach Belieben mehr Ingwer und/oder Honig zugeben, wenn es würziger beziehungsweise süßer schmecken soll.

** Das Bild unten zeigt die halbe Menge des Rezepts.*

Die Kurkumamilch durch einen Nussmilchbeutel (siehe Tipp auf Seite 106), ein Seihtuch oder auch ein feinmaschiges Sieb abseihen und im Kühlschrank in einer großen Glaskaraffe mit Deckel aufbewahren. Verschlossen hält sich das Getränk im Kühlschrank mehrere Tage.

Vor dem Verzehr in mittelgroße Gläser umfüllen. Alternativ kann man die Milch auch in einem Topf ganz leicht aufköcheln lassen, in eine Thermosflasche umfüllen und zum Beispiel mit auf ein Picknick nehmen.

SCHOKOMILCH

ERGIBT 1 LITER

Der Freitag ist in der Vorschule unserer Tochter regelmäßig ein Walderlebnistag. Dann bauen die Kinder Hütten aus Zweigen und Ästen, balancieren auf Baumstämmen und pflücken Blumen und Beeren. Jeder bringt sein eigenes Lunchpaket mit, das draußen an der frischen Luft verzehrt wird. Da unsere skandinavischen Winter recht rau sein können, geben wir unserer Tochter gern eine mit der hier vorgestellten Schokoladenmilch gefüllte Thermosflasche mit, die immer sehr gut ankommt! Wir trinken diese Schokomilch zwar in der Regel warm, aber kalt ist sie genauso lecker und schmeckt wie gekaufter Kakao – nur besser!

- 150 g naturbelassene Nusskerne nach Wahl oder eine Mischung aus Kernen und Samen* (plus Wasser zum Einweichen)
- 1 Liter Wasser
- 4–6 Datteln, entsteint
- 2 EL Kakaopulver
- ¼ TL Meersalz
- 1 TL Maca-, Mesquite- oder Lucuma-Pulver

* *Wir verwenden gern Mandeln, Cashewkerne und ungeschälte Sesamsamen zu gleichen Teilen; schön ist aber auch eine Kombination aus Haselnuss-, Cashew- und Macadamiakernen.*

Die Kerne in einer Schüssel mit Wasser bedecken und 8–12 Stunden oder über Nacht einweichen. Das Einweichwasser abgießen und wegschütten. Dann die Kerne unter fließendem Wasser abspülen und zusammen mit dem Wasser im Mixer auf hoher Stufe so fein wie möglich pürieren.

Die Nussmilch durch einen Nussmilchbeutel (siehe Tipp auf Seite 106), ein Seihtuch oder auch ein feinmaschiges Sieb abseihen und den Mixbehälter ausspülen. Die Nussmilch zusammen mit den übrigen Zutaten wieder in den Mixer geben und alles auf hoher Stufe so fein wie möglich pürieren. Anschließend abschmecken und gegebenenfalls zum Nachsüßen noch Datteln zugeben.

TIPP: *Bei einer bestehenden Nussallergie können Sie einfach eine Kombination aus Samen verwenden (gut eignet sich eine Mischung aus Sesamsamen und Hanfsamen) oder eine Hafer-, Reis-, Soja- oder Kokosmilch.*

In einer großen Glaskaraffe mit Deckel im Kühlschrank aufbewahren. Gut verschlossen hält sich die Milch im Kühlschrank mehrere Tage. Vor dem Verzehr aufwärmen und in mittelgroße Gläser oder eine Thermosflasche füllen.

NUSSCRACKER

ERGIBT 15 CRACKER

Beim Ausprobieren der Nussmilchrezepte für dieses Buch haben sich reichlich Nussreste angesammelt. Da wir entschieden dagegen sind, Lebensmittel zu verschwenden, sind wir dazu übergegangen, dieses kostbare Nebenprodukt der Nussmilchherstellung zu leckeren Crackern zu verarbeiten. Sie sind sehr einfach und schnell herzustellen, haben viel Aroma und sind schön knusprig. Die Cracker sind eine perfekte Basis für Hummus, Baba Ganoush, Pesto, Tapenade, Chutney oder Käse.

100 g feuchte Nussmasse (aus einem unserer Nussmilchrezepte – siehe unser Basisrezept für Nussmilch, Seite 106)
2 EL Leinsamen oder Sesamsamen
¼ kleine rote Zwiebel, zur Hälfte fein gehackt, der Rest in feine Scheiben geschnitten
1 TL frischer Rosmarin und/oder Thymian, fein gehackt
3 EL natives Olivenöl extra
½ TL Meersalz
½ TL Schwarzkümmelsamen oder Zatar (nach Belieben)

Den Backofen auf 160 °C (Umluft 140 °C) vorheizen und ein Backblech mit Backpapier auslegen.

Die Nussmasse, den Leinsamen, die in Scheiben geschnittene Zwiebel, die Hälfte der Kräuter, das Öl und das Salz in einer Schüssel gründlich vermengen.

Die Masse auf das Backblech geben und zu einem Rechteck ausstreichen. Einen zweiten Bogen Backpapier darauflegen und mit einer Teigrolle zu einem etwa 25 cm langen, 15 cm breiten und 0,3 cm hohen Rechteck ausrollen.

Das obere Backpapier abnehmen und die gehackte Zwiebel sowie die übrigen Kräuter* darüberstreuen. Das Papier wieder auflegen und nochmals mit der Teigrolle bearbeiten, um Zwiebel und Kräuter leicht einzudrücken.

* *Mit einer Prise Schwarzkümmelsamen und Zatar bekommt das Ganze einen orientalischen Kick.*

Die Cracker leicht mit einer Gabel einstechen, damit sie gleichmäßig garen. 10 Minuten backen, dann aus dem Ofen nehmen und in Quadrate mit einer Seitenlänge von 5 cm schneiden. Anschließend die Cracker im Backofen nochmals in 20–30 Minuten goldbraun und knusprig backen.

Auf einem Kuchengitter abkühlen lassen und mit einem beliebigen Dip oder Käse servieren. In einem gut verschließbaren Behälter halten sie sich mehrere Tage.

SÄFTE

Bei meiner Oma stand früher immer eine Flasche Möhrensaft im Kühlschrank. Ich erinnere mich gut daran, wie ich ihn als Kind einmal probiert und sofort wieder ausgespuckt habe. Es kam mir vor, als hätte ich nie zuvor etwas Schrecklicheres getrunken. Zwanzig Jahre später schafften Luise und ich unseren ersten Entsafter an. Bis dahin hatte ich mich von jeglicher Sorte Möhrensaft tunlichst ferngehalten, und am Anfang machte ich mit unserem Entsafter nur Fruchtsäfte (mit reichlich Ingwer). Als Luise mich schließlich davon überzeugte, die Orangen doch auch einmal mit Möhren zu mischen (und danach sogar auch nur Möhren zu entsaften), war ich völlig überrascht, wie lecker das schmeckte – ganz anders als jener pasteurisierte Saft aus der Flasche, den meine Oma immer kaufte.

Es ist wirklich unglaublich, welch himmelweiter Unterschied zwischen einem frisch hergestellten und einem gekauften, hocherhitzten Safterzeugnis besteht. Ganz abgesehen davon, dass jeder Saft auch sehr viel gesünder ist, wenn die enthaltenen Vitamine und Enzyme noch intakt sind.

Heute ist in unseren Säften das Verhältnis von Gemüse zu Obst sehr viel höher als am Anfang. Einige Rezepte in diesem Kapitel enthalten sogar nur Gemüse, wie die Chlorophyll-Kur (Seite 122), Bodenständig (Seite 127) und Virgin Mary (Seite 124) – allesamt sind sie einen Versuch wert!

Unsere Empfehlungen für die Auswahl eines Entsafters finden Sie im Abschnitt »Geräte und Ausrüstung« auf Seite 19.

DAVID

DREI GRÜNE SÄFTE

Was ich an grünen Säften ganz besonders schätze, ist ihre Frische. Ich kann gar nicht nachvollziehen, warum Apfelsinensaft, Apfelsaft und andere reine Fruchtsäfte so beliebt sind, wo doch die meisten Säfte mit einem Anteil von Kräutern oder Gemüse viel ausgewogener schmecken. Dass wir hier gleich drei Sorten grüner Säfte vorstellen, liegt daran, dass sie so unterschiedlich sind und wir uns nicht entscheiden konnten, welcher davon wegzulassen wäre. Der eine schmeckt frisch und pikant, der zweite ist komplett auf einer Gemüsebasis aufgebaut und daher überhaupt nicht süßlich, und der dritte überzeugt durch seine feine exotische Süße.

LUISE

FÜR 1 PERSON

NUSSFREI

APFEL-GRÜNKOHL-SAFT

Äpfel verleihen diesem Saft mit hohem Grünkohlgehalt einen Hauch Süße; Fenchel, Ingwer und Zitrone sorgen für frischen Pepp. Dieses Saftrezept steht bei uns seit Jahren immer wieder mal auf dem Speiseplan und kommt nach wie vor gut an.

60 g Grünkohl, ohne Stiel (möglichst Bio-Ware)
2 kleine Äpfel, Kerngehäuse entfernt (etwa 200 g; möglichst Bio-Ware)
½ kleine Fenchelknolle, geputzt (etwa 60 g)
½ kleine Zitrone, ohne Schale und Kerne (etwa 30 g)
1 Stück frischer Ingwer, geschält (etwa 15 g)

Alle Zutaten waschen und so zerkleinern, dass sie gut in den Einfülltrichter des Entsafters passen.

Links: Chlorophyll-Kur; *Mitte:* Apfel-Grünkohl-Saft; *rechts:* Ananas-Gemüse-Saft

Fortsetzung nächste Seite

Die Zutaten nacheinander in den Entsafter geben. Am besten wechselt man dabei ab zwischen faserigen (Grünkohl, Ingwer) und saftigen (Zitrone) Zutaten und verwendet die härteren Zutaten (Äpfel, Fenchel), um die anderen durch den Trichter zu schieben.

Abschmecken und gegebenenfalls geschmacklich anpassen.

Gut verrühren, in ein mittelgroßes Glas gießen und kalt servieren oder zum Mitnehmen in ein verschließbares Glas oder eine Glasflasche füllen.

CHLOROPHYLL-KUR

FÜR 1 PERSON

NUSSFREI

Ich musste hart darum kämpfen, dieses Rezept in das Buch aufzunehmen. David hat gern immer irgendein Obst im grünen Saft, wohingegen ich gerade den erdigen und grasigen Geschmack eines reinen Gemüsesaftes so schätze. Ich hoffe, Sie sind neugierig auf diesen Saft – schon weil ich doch so darum gekämpft habe! Er liefert einen erfrischenden Kontrast zu den üblicherweise süßeren Rezepten, der hin und wieder wirklich gut tut.

LUISE

60 g Spinat, mit Stiel (möglichst Bio-Ware)
1 Stück Gurke, 20 cm (etwa 250 g; möglichst Bio-Ware)
1 Stange Sellerie, mit Grün (etwa 50 g; möglichst Bio-Ware)
1 Blatt Mangold, mit Stiel (etwa 30 g)
1 Handvoll frische Petersilie, mit Stängel (etwa 15 g)

Alle Zutaten waschen und so zerkleinern, dass sie gut in den Einfüllstutzen des Entsafters passen.

Die Zutaten nacheinander in den Entsafter geben und dabei die härteren Zutaten (Gurke, Sellerie) dazu verwenden, die faserigen (Spinat, Mangold, Petersilie) durch den Trichter zu schieben.

Abschmecken und gegebenenfalls geschmacklich anpassen.

Gut verrühren, in ein mittelgroßes Glas gießen und kalt servieren oder zum Mitnehmen in ein verschließbares Glas oder eine luftdicht verschließbare Glasflasche füllen.

ANANAS-GEMÜSE-SAFT

FÜR 1 PERSON

NUSSFREI

Das ist unsere Saft-Version des auf Seite 42 vorgestellten Smoothies »Grüner Evergreen«. Für uns ist Ananas die ideale Ergänzung für grünes Gemüse. Hinzu kommt, dass sich beim Entsaften ihre süßen, intensiven Aromen besonders gut entfalten können – einfach perfekt. Durch die Zugabe von frischer Minze ergibt dies den erfrischendsten und exotischsten grünen Saft, den wir je ausprobiert haben.

250 g reife Ananas, geschält
60 g Spinat, mit Stängel (möglichst Bio-Ware)
60 g Kopfsalat
½ Limette, geschält und ohne Kerne (etwa 30 g)
10 frische Minzeblätter

Alle Zutaten waschen und so zerkleinern, dass sie gut in den Einfülltrichter des Entsafters passen.

Die Zutaten nacheinander in den Entsafter geben. Am besten wechselt man dabei ab zwischen faserigen (Spinat, Salat, Minze) und saftigen (Limette) Zutaten und verwendet die härtere Zutat (Ananas), um die anderen durch den Trichter zu schieben.

Abschmecken und gegebenenfalls noch geschmacklich anpassen.

Gut verrühren, in ein mittelgroßes Glas gießen und kalt servieren oder zum Mitnehmen in ein verschließbares Glas oder eine luftdicht verschließbare Glasflasche füllen.

VIRGIN MARY
KATER-KUR

FÜR 2 PERSONEN

NUSSFREI

Wir haben in London gute Freunde, die wir hin und wieder besuchen. Wenn wir dort sind, laden sie uns am Wochenende immer in irgendeinem Lokal zum Brunch ein. Sie trinken auswärts besonders gern Bloody Mary, zu Hause aber bereiten sie die tollsten frischen Obstsäfte zu. Dies ist somit für sie der perfekte Drink (und natürlich für alle anderen ebenso). Als alkoholfreie Variante einer Bloody Mary enthält diese Virgin Mary alles, was man üblicherweise erwartet, und dazu einige gesunde Extras wie etwa einen Kick frischen Ingwer. Wir servieren den Saft auf Eiswürfeln in einem schönen, mit Salzrand verzierten Glas und geben einen Hauch frisch gemahlenen schwarzen Pfeffer sowie einen Oreganozweig darauf.

3 Roma-Tomaten oder 24 Kirschtomaten (etwa 300 g; möglichst Bio-Ware)
1 Stange Sellerie, mit Grün (etwa 50 g; möglichst Bio-Ware)
½ rote Paprikaschote, Samen und Scheidewände entfernt (etwa 90 g; möglichst Bio-Ware)
1 Stück frischer Ingwer, geschält (etwa 15 g)
2 Zweige frischer Oregano
1 TL naturtrüber Bio-Apfelessig
3 Tropfen Tabasco
2 Prisen Meersalz

ZUM ANRICHTEN
Limettensaft
grobes Meersalz
Eiswürfel
frisch gemahlener schwarzer Pfeffer
einige Zweige frischer Oregano

Tomaten, Sellerie, Paprikaschote, Ingwer und Oregano so vorbereiten, dass sie gut in den Einfülltrichter des Entsafters passen.

Fortsetzung Seite 126

Die Zutaten nacheinander in den Entsafter geben. Am besten wechselt man dabei ab zwischen faserigen (Oregano, Ingwer) und saftigen (Tomaten, Paprikaschote) Zutaten und verwendet die härtere Zutat (Selleriestange), um die anderen durch den Trichter zu schieben.

Dann Apfelessig, Tabasco und Salz unterrühren. Kosten und gegebenenfalls nachwürzen.

Gründlich verrühren und den Saft in zwei mittelgroße, mit einem Salzrand* versehene Gläser mit Eiswürfeln füllen. Zum Abschluss eine Prise schwarzen Pfeffer und etwas frischen Oregano darübergeben.

** Für den Salzrand auf einen Teller einen Kreis aus Salz streuen, der im Durchmesser größer ist als der des Glasrands. Die Ränder der Gläser mit Limettensaft anfeuchten und umgedreht in das Salz tunken.*

BODENSTÄNDIG

FÜR 1 PERSON

NUSSFREI

Dieser vor erdigen Aromen aus drei verschiedenen Wurzelgemüsesorten nur so strotzende Saft ist gleichzeitig von Natur aus sehr süß und erfrischend. Rote Bete hat sich als leber- und blutreinigendes Mittel bewährt. Werfen Sie die Pulpe nicht weg, sie kann beispielsweise bei der Zubereitung von Hummus oder Falafel verwertet werden.

¼ kleine Süßkartoffel, geschält (etwa 75 g)
1 große rohe Rote Bete, geschält (etwa 200 g)
2 Möhren, geschält und Grünansatz entfernt (etwa 200 g)
½ kleine Zitrone, ohne Schale und Kerne (etwa 30 g)
1 Stück frischer Ingwer, geschält (etwa 15 g)

Alle Zutaten waschen und so zerkleinern, dass sie gut in den Einfülltrichter des Entsafters passen.

Die Zutaten nacheinander in den Entsafter geben. Am besten wechselt man dabei ab zwischen faserigen (Ingwer) und saftigen (Zitrone) Zutaten und verwendet die härteren Zutaten (Süßkartoffel, Rote Bete, Möhren), um die anderen durch den Trichter zu schieben.

Abschmecken und gegebenenfalls noch geschmacklich anpassen.

Gut verrühren, in ein mittelgroßes Glas gießen und kalt servieren oder zum Mitnehmen in eine luftdicht verschließbare Glasflasche füllen.

ENTZÜNDUNGS-HEMMENDER MUNTERMACHER

FÜR 1 PERSON

—

NUSSFREI

Diesen Saft gibt es bei uns, sobald sich jemand morgens angeschlagen fühlt und nicht gut aus dem Bett kommt. Mit seinem kräftigen Kick aus Grapefruit und Ingwer wirkt er wirklich herrlich aufmunternd. Betrachten Sie ihn einfach als die Superman-Variante Ihres morgendlichen Orangensaftes. Wenn Sie nach einem Glas von diesem Saft nicht munter werden, dann sollten Sie vermutlich an diesem Tag lieber gleich im Bett bleiben.

—

2 Möhren, geschält und Grünansatz entfernt (etwa 200 g)
1 Grapefruit, geschält und ohne Kerne (etwa 150 g)
1 Orange, geschält und ohne Kerne (etwa 150 g)
¼ gelbe oder rote Paprikaschote (etwa 45 g; möglichst Bio-Ware)
1 Stück frischer Ingwer, geschält (etwa 15 g)
1 Stück frische Kurkuma, geschält (etwa 7 g) oder ¼ TL gemahlene Kurkuma (die dann nach dem Entsaften zugegeben wird)
etwas schwarzer Pfeffer, frisch gemahlen

—

Alle Zutaten waschen und so zerkleinern, dass sie gut in den Einfülltrichter des Entsafters passen.

Die Zutaten nacheinander in den Entsafter geben. Am besten wechselt man dabei ab zwischen faserigen (Ingwer, Kurkuma) und saftigen (Grapefruit, Orange, Paprikaschote) Zutaten und verwendet die härtere Zutat (Möhren), um die anderen durch den Trichter zu schieben. Anschließend den schwarzen Pfeffer unterrühren.

Abschmecken und gegebenenfalls geschmacklich anpassen.

Gut verrühren, in ein mittelgroßes Glas gießen und kalt servieren oder zum Mitnehmen in eine luftdicht verschließbare Glasflasche füllen.

—

Rechte Seite: Entzündungshemmender Muntermacher (links im Bild); Bodenständig (rechts).

V
44-3

WÜRZIGER APFEL-MÖHREN-DRINK

FÜR 2 PERSONEN

—

NUSSFREI

Angesichts unserer langen skandinavischen Winter lag uns daran, zumindest einen warmen Saft ins Repertoire aufzunehmen. Dieser süße, würzige Saft mit Apfel und Möhre ist der perfekte Schlaftrunk, ein linderndes Mittel bei Erkältung und Grippe, aber auch einfach ein wohltuendes Getränk an einem feuchtkalten Tag.

—

4 kleine Äpfel, Kerngehäuse entfernt (etwa 400 g; möglichst Bio-Ware)
2 große Möhren, geschält und Grünansatz entfernt (etwa 300 g)
1 Stück frischer Ingwer, geschält (etwa 15 g)
¼ TL gemahlener Zimt
¼ TL frisch geriebene Muskatnuss
1 Prise gemahlener Kardamom
1 Prise gemahlene Gewürznelken

ZUM ANRICHTEN
gemahlener Zimt

—

Äpfel, Möhren und Ingwer entsprechend vorbereiten und so zerkleinern, dass sie gut in den Einfülltrichter des Entsafters passen.

Die Zutaten nacheinander in den Entsafter geben. Am besten wechselt man dabei ab zwischen faserigen (Ingwer) und saftigen (Äpfel) Zutaten und verwendet die härtere Zutat (Möhren), um die anderen durch den Trichter zu schieben.

Kosten und gegebenenfalls geschmacklich anpassen.

Den Saft in einen kleinen Topf gießen und die Gewürze unterrühren. Alles leicht aufkochen lassen und dann den Topf von der Kochstelle nehmen.

Gut verrühren, in zwei mittelgroße Tassen füllen, mit einer Prise Zimt bestreuen und sofort servieren.

—

TIPP: *Mit einem Spritzer Rum machen Sie aus dem fertigen Saft einen winterlichen Punsch (1 Teil Rum auf 4 Teile Saft).*

DESSERTS

»Bin gleich wieder da!«, sagt David und verschwindet in die Küche. Beide Kinder liegen schon in ihren Betten. Ich höre, wie etwas gehackt wird, wie sich die Kühlschranktür leise öffnet und schließt, dann, natürlich, den lauten Aufprall eines Messers auf dem Küchenboden (irgendetwas fällt ihm immer herunter, wenn er versucht, leise zu sein). – Stille … sie sind nicht aufgewacht … das leichte Brummen der Küchenmaschine auf niedrigster Stufe. Eine Minute später das Geräusch von dunkler Schokolade, die gerieben wird, und dann kommt er auch schon zurück mit unserer Belohnung für diesen Abend – einem Erdbeer-Sahne-Smoothie mit Früchten, Nussmus und viel Bitterschokolade.

Ich weiß nicht mehr genau, wann es angefangen hat, aber dieses abendliche Ritual ist aus unserem Leben nicht mehr wegzudenken. Wir bereiten schnelle, improvisierte Desserts zu, die wir dann beim Fernsehen, Lesen, Bloggen, Schreiben oder Beantworten von E-Mails genießen. Manchmal sind es nur gefüllte Datteln oder Apfelscheiben mit einem Dip aus Nussmus, aber meistens machen wir verschiedene süßere Smoothies. Ich mag besonders gern den Schoko-Minze-Genuss (Seite 143), und wenn gerade Äpfel Saison haben, lässt David keine Gelegenheit aus, seinen Apfelkuchen im Glas für uns zuzubereiten (Seite 135). Übrigens: Selbst wenn wir die Smoothies in diesem Kapitel den Desserts zugeordnet haben, schmecken sie genauso gut zum Frühstück. Wenn Sie diese süßen Köstlichkeiten also schon morgens genießen wollen – wir werden es niemandem verraten.

LUISE

APFELKUCHEN IM GLAS

FÜR 2 PERSONEN

NUSSFREI

Das Aussehen dieses leckeren, aus drei Schichten gezauberten Smoothies lässt auf eine etwas aufwendigere Zubereitung schließen. Tatsächlich braucht man dafür gerade mal 15 Minuten. Dieser Apfelkuchen im Glas gehört wirklich zu den köstlichsten Leckereien in unserem jetzigen Repertoire. Wir sautieren Apfelstücke in Butter, überziehen diese dann mit einem cremigen Vanille-Joghurt-Smoothie und geben zum Schluss noch etwas knuspriges, würziges Granola dazu – einfach himmlisch. Genau wie der echte Apfelkuchen eben, nur gesünder.

* *Das Granola-Topping kann aus den meisten Getreide- und Pseudogetreidesorten, Samen und Nüssen hergestellt werden – lassen Sie Ihrer Fantasie freien Lauf!*

FÜR DAS WÜRZIGE GRANOLA*

1 EL Butter oder natives Kokosöl
1 EL reiner Ahornsirup
½ TL gemahlener Zimt
¼ TL frisch geriebene Muskatnuss
¼ TL gemahlener Kardamom
¼ TL gemahlener Ingwer
4 EL Haferflocken (glutenfrei bei Unverträglichkeit)
4 EL naturbelassene Sonnenblumenkerne

FÜR DIE SAUTIERTEN APFELSTÜCKE

1 EL Butter oder natives Kokosöl
1 Kochapfel, geschält und Kerngehäuse entfernt (möglichst Bio-Ware)
½ TL gemahlener Zimt
¼ TL gemahlener Ingwer

FÜR DEN VANILLE-JOGHURT-SMOOTHIE

1 Tafelapfel, geschält und Kerngehäuse entfernt (möglichst Bio-Ware)
375 g ungesüßter griechischer Joghurt
½ TL gemahlene Vanille (oder Vanilleextrakt)

Für das würzige Granola die Butter mit dem Ahornsirup in einer Pfanne auf mittlerer Stufe zerlassen. Zuerst die Gewürze und kurz darauf die Haferflocken mit den Kernen zugeben. Unter Rühren

Fortsetzung nächste Seite

alles mit der Buttermischung überziehen und in etwa 5 Minuten goldgelb rösten. Zum Abkühlen beiseitestellen und in der Zwischenzeit die sautierten Apfelstücke zubereiten.

Ohne die Pfanne zu säubern die Butter auf mittlerer Stufe darin zerlassen. In der Zwischenzeit den Apfel in 1 cm große Würfel schneiden. Zuerst die Gewürze, dann die Apfelstücke in die Pfanne geben und alles etwa 5 Minuten anrösten, bis der Apfel goldgelb und gar ist und duftet. Warm halten, während der Vanille-Joghurt-Smoothie zubereitet wird.

Den Apfel grob zerkleinern und zusammen mit den übrigen Zutaten für den Vanille-Joghurt-Smoothie in den Mixer geben und alles auf hoher Stufe so fein wie möglich pürieren.

Dann die Apfelstücke auf zwei mittelgroße Gläser verteilen. Abschließend den Joghurt-Smoothie darübergießen, eine großzügige Portion Granola darüberstreuen und mit Löffeln servieren. Lassen Sie es sich gut schmecken!

BOUNTY-SMOOTHIE

FÜR 2 PERSONEN
oder 4 kleine Portionen

NUSSFREI

Kokosnussfreunde, vereinigt Euch! Wir präsentieren den Bounty-Genuss Ihrer Träume. Mit dieser gesunden Interpretation des klassischen Schokoriegels kann man nichts falsch machen – ein superleckerer, nach süßer Kokosnuss und Banane schmeckender Smoothie wird mit einer einfachen seidig-glatten Bitterschokoladensauce geschichtet und sieht dadurch einfach umwerfend aus. Er ist im Handumdrehen zubereitet.

FÜR DIE BITTERSCHOKOLADENSAUCE
4 TL natives Kokosöl
2 EL reiner Ahornsirup
4 EL Kakaopulver

FÜR DEN KOKOS-BANANEN-SMOOTHIE
1 tiefgekühlte Banane (Seite 22)
50 g Kokoschips
250 ml Kokosmilch (nicht fettreduziert)
1 Prise gemahlene Vanille oder Vanilleextrakt
2 Eiswürfel

ZUM ANRICHTEN
geröstete Kokoschips

Das Kokosöl und den Ahornsirup auf niedriger Stufe in einer Pfanne erhitzen. Das Kakaopulver zugeben und sorgfältig zu einer homogenen, seidig-glatten Masse verrühren. Zum Abkühlen beiseitestellen und in der Zwischenzeit den Kokos-Bananen-Smoothie zubereiten.

Alle Zutaten für den Kokos-Bananen-Smoothie in einen Mixer geben und auf hoher Stufe sehr fein pürieren.

Fortsetzung nächste Seite

Zum Anrichten die Hälfte der Schokosauce auf zwei mittelgroße oder vier kleine Gläser verteilen. Die Hälfte des Kokos-Bananen-Smoothies dazugießen. Dann nur etwas Schokosauce auf den Smoothie träufeln und den restlichen Kokos-Bananen-Smoothie darauf verteilen.

Zum Schluss erneut mit etwas Schokosauce beträufeln, einige Kokoschips darüberstreuen und servieren, solange die Schokosauce flüssig ist.

HAGEBUTTEN-»AFFOGATO« MIT »AMARETTINI«-BRÖSELN

FÜR 2 PERSONEN
oder 1 große Portion

In diesem Rezept weichen wir leicht von einem Smoothie ab, weil nicht einmal ein Mixer zum Einsatz kommt, aber dieses Getränk durfte einfach nicht fehlen, weil es uns durch unsere Kindheit und Jugend begleitet hat. Hagebutten sind ein echtes skandinavisches Superfood mit einem unverwechselbaren Geschmack. Sie sind reich an entzündungshemmenden Wirkstoffen und Antioxidantien, lindern bekanntermaßen Schmerzen und verbessern die Beweglichkeit bei Arthrose. Luises 84-jähriger Großvater, der seit Jahrzehnten einen Esslöffel Hagebuttenpulver in seinen Haferbrei gibt, schwört darauf. In Schweden kann man Hagebuttenpulver in Supermärkten und Reformhäusern kaufen. In allen anderen Ländern findet man es sicherlich im Internet. Dieses Getränk schmeckt auch kalt gut. Hagebuttensuppe ist in der Tat eine ausgezeichnete Grundlage für Smoothies. Hier haben wir sie jedoch genauso zubereitet, wie ich sie aus meiner Kindheit kenne – sie wird heiß über Eiscreme (oder griechischen Joghurt) gegossen und mit zerbröselten Keksen bestreut.

FÜR DIE DATTEL-»AMARETTINI«
4–5 Datteln, entsteint
90 g gemahlene Mandeln (oder Mandelmehl)
60 ml Mandelmilch

FÜR DIE HAGEBUTTENSUPPE
40 g Hagebuttenpulver
1 EL Pfeilwurzelmehl (oder Kartoffelstärke)
500 ml Wasser
3 EL reiner Ahornsirup

ZUM ANRICHTEN
Vanilleeis (gewöhnliches oder veganes)

Fortsetzung nächste Seite

Den Backofen auf 180 °C (Umluft 160 °C) vorheizen und ein Backblech mit Backpapier auslegen. Alle Zutaten für die Dattel-»Amarettini« in einer Küchenmaschine zerkleinern. Ersatzweise die Datteln in eine Schüssel geben und mit einer Gabel zu einer Paste zerdrücken. Die restlichen Zutaten zugeben und alles gut verrühren. Dann abschmecken und gegebenenfalls zum Nachsüßen noch Datteln zugeben. Die Masse in einen Spritzbeutel füllen und runde Tupfen von etwa 2 cm Durchmesser – wie Amarettini – auf das Backblech spritzen. Etwa 10 Minuten im Backofen goldgelb backen. Zum Abkühlen beiseitestellen und in der Zwischenzeit die Hagebuttensuppe zubereiten.

Das Hagebuttenpulver mit dem Pfeilwurzelmehl und dem Wasser in einen Topf geben und unter ständigem Rühren (um Klümpchenbildung zu vermeiden) zum Kochen bringen. Die Hitzezufuhr reduzieren, den Ahornsirup mit dem Schneebesen unterheben und in etwa 5 Minuten zu einem glatten Sirup verrühren. Durch ein feinmaschiges Sieb abseihen, damit die Hagebuttensuppe vollständig glatt wird.

Zum Anrichten je 1 Kugel Vanilleeis in zwei mittelgroße Gläser oder Schalen oder in ein großes Glas geben und die Hagebuttensuppe darübergießen. Zum Schluss einige der zerbröselten »Amarettini« darüberstreuen und für die ganz Süßen noch etwas Eiscreme darauflöffeln. Sofort servieren, bevor es außen am Glas langläuft!

SCHOKO-MINZE-GENUSS

FÜR 2 PERSONEN
oder 4 kleine Portionen

Dieses Rezept den Desserts in diesem Buch zuzuordnen, schien uns stimmig, nachdem wir die Schokoladenstückchen darauf verteilt hatten. Sieht man sich die Zutaten jedoch aus der Nähe an, wird man schnell feststellen, dass es sich eigentlich um einen ziemlich gesunden Snack handelt. Es ist sogar eine ganze Avocado enthalten, die aber durch die Aromen der Bitterschokolade und der frischen Minzeblätter komplett in den Hintergrund rückt. Da dieser Smoothie recht gehaltvoll ist, kann man ihn in kleinen Portionen servieren. Und man kann das Schoko-Granola durch jedes andere Granola ersetzen, das man gerade zu Hause hat – dann geht es sogar noch schneller.

* *Noch gesünder wird das Ganze, wenn man statt der Schokoladenstücke einige Esslöffel Kakaobohnensplitter zum Granola gibt (gleichzeitig mit den Haferflocken und der Quinoa).*

FÜR DAS SCHOKO-QUINOA-GRANOLA*

1 TL natives Kokosöl
1 EL reiner Ahornsirup
1 EL Kakaopulver
30 g Haferflocken (glutenfrei bei Unverträglichkeit)
15 g gepuffte Quinoa (oder naturbelassene gewaschene Quinoa für eine knusprigere Textur)
30 g ganze Haselnusskerne

FÜR DEN SCHOKO-SMOOTHIE

1 reife Avocado, geschält und entkernt
2 tiefgekühlte Bananen (Seite 22)
4 EL Kakaopulver
2 EL Haselnussmus (oder ein anderes Nussmus nach Wahl, Seite 26)
250 ml Sojamilch (oder Mandelmilch)
2–4 Tropfen Minzöl oder 4–8 frische Minzeblätter

ZUM ANRICHTEN

hochwertige Bitterschokolade (mindestens 70 % Kakaoanteil) oder vegane zuckerfreie Schokolade aus naturbelassenem Kakao
ganze Haselnusskerne

HINWEIS: Auf dem Foto links ist die doppelte Menge abgebildet.

Fortsetzung nächste Seite

Zunächst das Granola zubereiten. Das Kokosöl und den Ahornsirup auf niedriger Stufe in einer Pfanne oder einem Topf zerlassen. Das Kakaopulver zugeben und sorgfältig zu einer homogenen, seidig-glatten Masse verrühren. Die Haferflocken, die Quinoa und die Haselnusskerne zugeben, gut verrühren und mit der Ölmischung überziehen, dann auf mittlerer Stufe in etwa 5 Minuten goldgelb rösten. Zum Abkühlen auf Backpapier in den Kühlschrank stellen und in der Zwischenzeit den Schoko-Smoothie zubereiten.

Das Avocadofleisch mit den übrigen Zutaten für den Schoko-Smoothie in den Mixer geben. Auf hoher Stufe zu einem feinen Smoothie pürieren. Abschmecken und gegebenenfalls noch mehr Minzeblätter oder -öl dazugeben.

Zum Anrichten in zwei kleine Schalen oder vier Minischalen gießen. Zum Schluss etwas Granola und einige Haselnusskerne darüberstreuen. Mit Schokostückchen dekorieren und servieren.

ERDBEER-NICE-CREAM & SCHOKO-QUINOA-BIRCHERMÜSLI

FÜR 2 PERSONEN
oder 1 große Portion

NUSSFREI

Sollten Sie noch keine Eiscreme aus gefrorenen Bananen gekostet haben, wird es höchste Zeit! Einfach tiefgekühlte Bananen (Seite 22) glatt pürieren, und im Handumdrehen hat man ein üppiges, cremiges und gesundes Eis direkt aus der Natur, genannt »Nice-Cream«. Durch die Zugabe von gefrorenen Erdbeeren und Kokosmilch wird diese Nice-Cream besonders locker und aromatisch. Hier kombinieren wir sie mit einem reichhaltigen Quinoa-Birchermüsli, das länger satt hält. Die kunstvoll geschichteten Lagen werden jeden Gast beeindrucken. Sie können aber auch nur die Nice-Cream oder das Birchermüsli servieren, wenn Ihnen die Zeit für beide fehlt.

FÜR DAS SCHOKO-QUINOA-BIRCHERMÜSLI
100 g rohe weiße Quinoa, gewaschen (oder 225 g gekochte Quinoa)
250 ml Wasser
¼ TL Meersalz
2 EL Kakaopulver
120 g Kokos-Joghurt oder griechischer Joghurt
1 EL reiner Ahornsirup (2 EL, wenn das Birchermüsli ohne Nice-Cream serviert wird)

FÜR DIE ERDBEER-NICE-CREAM
200 g tiefgekühlte Erdbeeren (möglichst Bio-Ware)
1 tiefgekühlte Banane (Seite 22)
60 ml Kokosmilch (nicht fettreduziert)

ZUM ANRICHTEN
frische Erdbeeren, in feine Scheiben geschnitten und ganz (möglichst Bio-Ware)
Bitterschokolade, fein gehackt und gerieben

Fortsetzung nächste Seite

Die rohe Quinoa mit dem Wasser und dem Salz in einen Topf geben. Zudecken und zum Kochen bringen, dann die Hitze reduzieren und etwa 15–20 Minuten köcheln lassen, bis das gesamte Wasser aufgenommen wurde.

In eine Schüssel geben und vollständig abkühlen lassen. Die restlichen Bircher-Zutaten zugeben, sorgfältig vermischen und im Kühlschrank ruhen lassen. In der Zwischenzeit die Erdbeer-Nice-Cream zubereiten.

Alle Zutaten für die Erdbeer-Nice-Cream in einen Mixer geben und auf hoher Stufe zu einer glatten und dickflüssigen, einem Softeis ähnlichen Creme pürieren. Abhängig von der Leistungsstärke Ihres Mixers müssen Sie die Zutaten eventuell 5–10 Minuten leicht antauen lassen (alternativ einen Stabmixer verwenden).

Zum Anrichten ein Drittel der Nice-Cream mit einem Löffel in zwei mittelgroße Gläser füllen. Einen künstlerischen Eindruck macht das Ganze, wenn die Lagen ungleichmäßig dick sind.

Nun die Hälfte des Birchermüslis daraufgeben und einige der Erdbeerscheiben auf die Innenseiten der Gläser drücken. Mit der restlichen Nice-Cream, dem Birchermüsli und den Erdbeeren wiederholen, mit einer dicken Schicht Nice-Cream abschließen. Für den Marmoreffekt einfach mit dem Rücken eines Teelöffels an der Innenwand der Gläser auf- und abfahren. Achten Sie darauf, nicht zu stark zu rühren, damit die Schichten nicht zu stark ineinander verlaufen. Zum Schluss einige ganze Erdbeeren daraufgeben, einige Schokoladenstückchen und -späne darüberstreuen und sofort servieren, bevor es zu flüssig wird!

MARMORIERTES SMOOTHIE-STIELEIS

ERGIBT 10 STÜCK

Unsere Eis-am-Stiel-Version eines Smoothies zeichnet sich durch eine schöne marmorierte Maserung aus, die in verschiedenen Farben erzeugt werden kann. Auf dem Foto links sind verschiedene Geschmackskombinationen abgebildet: Mango/Passionsfrucht, Erdbeeren/Himbeeren sowie Heidelbeeren, aber dieses Rezept kann mit jeder beliebigen Frucht zubereitet werden – lassen Sie Ihrer Fantasie freien Lauf! Falls die Früchte sehr reif und süß sind, kann man etwas weniger Süßungsmittel verwenden; sind die Früchte sehr säuerlich, einfach etwas nachsüßen.

FÜR DEN BANANEN-SMOOTHIE
2 reife Bananen, ohne Schale
500 g ungesüßter griechischer Joghurt*
2 EL reiner Ahornsirup oder hochwertiger naturbelassener Honig
¼ TL gemahlene Vanille (oder 1 TL Vanilleextrakt)

FÜR DEN FRUCHT-SMOOTHIE
150 g frische reife Beeren oder Früchte nach Wahl
2 EL reiner Ahornsirup oder hochwertiger naturbelassener Honig

FÜR DIE EXTRAS
frische reife Beeren oder Früchte nach Wahl, grob zerkleinert
Nussmus (Seite 26)
geröstete Nüsse, grob gehackt
Kokos-Buchweizen-Granola (Seite 29)
hochwertige Bitterschokolade (mindestens 70 % Kakaoanteil) oder vegane zuckerfreie Schokolade aus naturbelassenem Kakao

Die Banane grob zerkleinern und mit den übrigen Zutaten für den Bananen-Smoothie in den Mixer geben.

Auf hoher Stufe zu einem feinen Smoothie pürieren.

* *Für eine vegane Alternative den Joghurt durch ungesüßten, nicht fettreduzierten Kokos-Joghurt oder Kokosmilch ersetzen. Ersatzweise 300 g naturbelassene Cashewkerne verwenden. Die Kerne dazu 3–12 Stunden in Wasser einweichen, dann unter fließendem Wasser abspülen und abtropfen lassen.*

TIPP: *Wir haben die Formen für unser Eis am Stiel im Internet gefunden, aber wenn gerade keine in Reichweite sind, können auch kleine Pappbecher mit Holzstielen oder Teelöffeln verwendet werden.*

Fortsetzung nächste Seite

Etwa 350 g des Bananen-Smoothies beiseitestellen, den Rest im Mixer belassen. Sämtliche Zutaten für den Frucht-Smoothie dazugeben und alles zusammen vollständig glatt pürieren.

Vorsichtig 10 Stieleis-Formen abwechselnd mit dem Bananen- und dem Frucht-Smoothie füllen, dabei den Marmoreffekt mit dem Rücken eines Teelöffels oder einem Messer erzeugen. Ein noch spektakuläreres Aussehen und eine noch interessantere Textur bekommt das Ganze, wenn man einige der Extras zwischen die verschiedenfarbigen Schichten gibt.

Die fertigen Formen mit Stiel mindestens 4 Stunden oder über Nacht im Gefrierschrank fest werden lassen. Sie halten sich darin Tage, Wochen, Monate, Jahre ... (aber nur, wenn Sie sie nicht gleich verspeisen).

BEEREN-SALZKARAMELL-SEMIFREDDO

FÜR 14 PERSONEN

Für den Schluss unseres Buches haben wir uns etwas ganz Besonderes ausgedacht: dieses üppige, aus drei Schichten zusammengesetzte vegane Semifreddo. Als wir die köstlich salzige Karamellschicht probierten, das Bindeglied zwischen dem frischen Beerensmoothie und dem knusprigen Schokoboden, gerieten wir selbst ins Schwärmen. Hier hat man so viele unterschiedliche Texturen in einem kleinen (oder großen!) Stück. Die Beeren zwischendrin sind das Herzstück und das Highlight zugleich.

FÜR DEN BODEN
10–12 Datteln, entsteint
1 EL natives Kokosöl
150 g tiefgekühlte naturbelassene Sonnenblumenkerne
2 EL Kakaopulver
1 Prise Meersalzflocken

FÜR DIE SALZKARAMELLSCHICHT
10–15 Datteln, entsteint
125 ml Wasser
80 ml natives Kokosöl
60 g weißes Tahini
2–3 Prisen Meersalzflocken

FÜR DIE BEEREN-SMOOTHIE-SCHICHT
2 reife Bananen, geschält und grob zerkleinert
150 g naturbelassene Cashewkerne (zuvor eingeweicht)*
150 g frische reife Brombeeren (oder tiefgekühlte, aufgetaut)
150 g frische reife Himbeeren (oder tiefgekühlte, aufgetaut)
4 EL Zitronensaft
2–4 EL Wasser
2 EL reiner Ahornsirup

FÜR DAS BEEREN-HERZSTÜCK
5 frische reife Brombeeren (oder tiefgekühlte, aufgetaut)
12 frische reife Himbeeren (oder tiefgekühlte, aufgetaut)

** Die Cashewkerne in eine Schüssel geben, mit Wasser bedecken und 3–12 Stunden oder über Nacht einweichen. Das Einweichwasser abgießen und wegschütten. Dann die Kerne unter fließendem Wasser abspülen und beiseitestellen.*

Fortsetzung nächste Seite

ZUM ANRICHTEN
frische Brombeeren
frische Himbeeren
essbare Stiefmütterchen, nach Belieben
Puderzucker, zum Bestäuben

Eine 10 x 20 cm große Kastenform mit Backpapier auslegen.

Für den Boden die Datteln und das Öl in einen Mixer geben und auf hoher Stufe zu einer klebrigen Masse verarbeiten. Die Kerne, den Kakao und das Salz zugeben und erneut mixen, bis die Mischung groben Brotkrumen ähnelt und bei Druck nicht mehr auseinanderfällt. Eventuell müssen für die richtige Konsistenz noch einige Datteln hinzugegeben werden. In die Kastenform geben und für einen gleichmäßig hohen und kompakten Boden die Mischung mit der flachen Hand oder einem Löffelrücken verteilen und fest andrücken. Im Gefrierschrank ruhen lassen und in der Zwischenzeit die Salzkaramellschicht zubereiten. Dafür alle Zutaten in einen Mixer geben und auf hoher Stufe zu einem feinen Smoothie pürieren. Dann abschmecken und gegebenenfalls zum Nachsüßen oder -salzen noch Datteln beziehungsweise Salz zugeben.

Die Kastenform aus dem Gefrierschrank nehmen und die Salzkaramellschicht auf den Boden gießen. Die Schicht durch leichtes Schwenken der Form gleichmäßig verteilen. Zurück in den Gefrierschrank stellen und in der Zwischenzeit den Beeren-Smoothie zubereiten.

Den Rührbecher des Mixers gründlich spülen. Die Bananen zusammen mit den übrigen Zutaten für den Beeren-Smoothie in den Mixer geben und auf hoher Stufe glatt pürieren. Gegebenenfalls noch etwas Wasser zugeben.

Die Kastenform aus dem Gefrierschrank nehmen und die einzelnen Beeren in einer Linie mittig auf die Karamellschicht legen. Den Beeren-Smoothie darübergießen und die Oberfläche mit einem Teigspatel glätten. Durch leichtes Schlagen der Form auf die Arbeitsfläche sämtliche Luftblasen entfernen.

Mindestens 4 Stunden oder über Nacht im Gefrierschrank vollständig fest werden lassen. Vor dem Servieren etwa 30 Minuten antauen lassen, mit frischen Beeren und essbaren Blüten dekorieren und zum Schluss mit Puderzucker bestäuben. Ein scharfes Messer in heißes Wasser tauchen und in 1,5 cm große Scheiben schneiden.

DIE AUTOREN

David Frenkiel und Luise Vindahl sind das Paar hinter dem prämierten vegetarischen Food-Blog *Green Kitchen Stories*, der Leser aus der ganzen Welt hat. Die gelungene Verbindung aus gesunden, saisonalen und leckeren vegetarischen Rezepten mit farbenfrohen ansprechenden Fotos wurde zum Markenzeichen ihrer Arbeit. Darüber hinaus sind sie die Verfasser der beiden international angesehenen Kochbücher: *Die grüne Küche: Köstliche vegetarische Ideen für jeden Tag* und *Die grüne Küche auf Reisen: Vegetarisches aus aller Welt*, beide erschienen im Knesebeck Verlag.

Davids und Luises Arbeiten sind in Zeitungen, Zeitschriften und Magazinen wie *Food & Wine Magazine, Bon Appetit, ELLE, Vogue, The Guardian, Vegetarian Times* sowie in zahlreichen weiteren Publikationen erschienen. Ihr Food-Blog gewann in den Jahren 2013 und 2015 den *Best Food Blog Award* der Zeitschrift *Saveur*. Sie haben zwei sehr erfolgreiche Apps für iPhone und iPad herausgegeben, die 2012, 2013 und 2014 in die Bestenliste des App Stores gewählt wurden.

Luise ist Dänin, David Schwede. Die beiden leben derzeit mit ihrer Tochter Elsa und ihrem Sohn Isac in Stockholm. Neben der Tätigkeit als Freelancer in den Bereichen Rezeptentwicklung und Food-Fotografie arbeitet David als freier Grafik-Designer und Luise als qualifizierte Ernährungsberaterin.

Weitere Informationen finden Sie auf www.greenkitchenstories.com

REGISTER

Titel der Originalausgabe: *Green Kitchen Smoothies. Healthy and colourful Smoothies for everyday*
Erschienen bei Hardie Grant Books, London 2016

Deutsche Erstausgabe

Ein Unternehmen der La Martinière Groupe

Umschlaggestaltung: Leonore Höfer, Knesebeck Verlag
Übersetzung: Claudia Theis-Passaro und Annegret Hunke-Wormser
Lektorat, Satz und Herstellung: Robert Fischer, Verlags- und Redaktionsbüro München (www.vrb-muenchen.de)
Printed in China

ISBN 978-3-86873-957-2

www.knesebeck-verlag.de